北大保险时评书系

北大保险时评 2021—2022

孙祁祥 等◎著

北京大学出版社

PEKING UNIVERSITY PRESS

图书在版编目(CIP)数据

北大保险时评.2021—2022/孙祁祥等著.—北京：北京大学出版社,2022.10
（北大保险时评书系）
ISBN 978-7-301-33369-3

Ⅰ.①北… Ⅱ.①孙… Ⅲ.①保险业—中国—2021—2022—文集
Ⅳ.①F842-53

中国版本图书馆 CIP 数据核字（2022）第 170147 号

书　　　名	北大保险时评（2021—2022）
	BEIDA BAOXIAN SHIPING (2021—2022)
著作责任者	孙祁祥　等 著
责 任 编 辑	兰　慧
标 准 书 号	ISBN 978-7-301-33369-3
出 版 发 行	北京大学出版社
地　　　址	北京市海淀区成府路 205 号　100871
网　　　址	http://www.pup.cn
微信公众号	北京大学经管书苑（pupembook）
电 子 信 箱	em@pup.cn
电　　　话	邮购部 010-62752015　发行部 010-62750672
	编辑部 010-62752926
印 　刷 　者	北京虎彩文化传播有限公司
经 　销 　者	新华书店
	730 毫米×1020 毫米　16 开本　14.25 印张　179 千字
	2022 年 10 月第 1 版　2022 年 10 月第 1 次印刷
定　　　价	59.00 元

未经许可，不得以任何方式复制或抄袭本书之部分或全部内容。
版权所有，侵权必究
举报电话：010-62752024　电子信箱：fd@pup.pku.edu.cn
图书如有印装质量问题，请与出版部联系，电话：010-62756370

目 录 CONTENTS

理论综合

2021年中国保险业回眸与思考（上） ······ 郑　伟/3

2021年中国保险业回眸与思考（下） ······ 郑　伟/9

风险世界：商业保险究竟能做什么？ ······ 孙祁祥/16

保险价值浅议 ······ 孙祁祥/22

基于综合风险管理视角完善巨灾保险制度 ······ 刘新立/28

从第七次全国人口普查看区域人口发展特点 ······ 郑　伟/33

老龄化背景下保险业的优势和机遇 ······ 陈　凯/39

应对老龄化措施的效用分析 ······ 朱南军/43

将巨灾保险机制纳入国家应急管理体系 ······ 贾　若/47

行业发展与规划

构建"健康保险＋健康管理"的行业新生态 ······ 谢志伟/53

实施乡村振兴，保险应发挥比较优势 ······ 郑　豪/58

数据要素化：保险科技新层次 ······ 吴海青/63

巨灾管理体系中保险的作用 　　　　　　　　　　艾美彤/67
科技赋能保险：场景应用与行业影响 　　　　　　朱南军/71
气候变化背景下我国巨灾保险面临的挑战 　　　　刘新立/75
发展巨灾债券　推动巨灾保险制度建设 　　　　　刘新立/80
保险科技仍需更强创新能力 　　　　　　　　　　张　畅/85

政策与监管

银行保险业公司治理的良好开端 　　　　　　　　郑　伟/91
网络互助医疗平台的风险与对策 　　　　　　　　姚　奕/96
医保基金的有效监管：侧重供给方还是
　　需求方？ 　　　　　　　　　　　　　　　　王瀚洋/101
金融监管者的关键绩效指标 　　　　　　　　　　朱南军/105
"医保卡外借"是拒赔理由吗？ 　　　　　　　　 丁宇刚/110
为什么要强化保险机构大股东行为监管？ 　　　　锁凌燕/114
提升保险机构消费者权益保护工作质效 　　　　　韩　笑/118

企业经营与市场环境

普惠保险何以普惠 　　　　　　　　　　　　　　杜　霞/125
车险"后综改"该竞争什么？ 　　　　　　　　　 姚　奕/130
惠民保定价需要差异化吗？ 　　　　　　　　　　王瀚洋/134
规范发展期　普惠保险需迭代升级 　　　　　　　杜　霞/138
疫情期间旅游行业的危机应对与风险
　　管理 　　　　　　　　　　　　　　姚　奕　梁佳媛/143
保险资管未来发展机遇 　　　　　　　　　　　　吴诚卓/147

数字化时代保险中介的功能与定位　　　　　孙祁祥/152

社会保障与保险

建设更高质量的社会保障制度　　　　　　　贾　若/159
深入推进长期护理保险试点　　　　　　　　韩　笑/163
完善个人账户模式的养老第三支柱　　　　　陈　凯/168
用"健康防贫"破解贫困脆弱性难题　　　　周新发/173
健全医保基金共济机制放大保障效能　　　　郑　伟/178
医保个人账户不能失却"初心"　　　　　　锁凌燕/181
人口老龄化对社会养老、长期护理保险的
　　挑战　　　　　　　　　　　　　　　　贾　若/186
社保一体化：问题与展望　　　　　　　　　朱南军/190
城镇职工基本养老保险基金潜在缺口分析　　吕有吉/196
加快做大做强第三支柱养老保险　　　　　　贾　若/201
建立健全对新业态灵活就业人员的工伤
　　保障　　　　　　　　　　　　　　　谢志伟/204
脱贫后"倾斜性"医保扶贫政策的衔接与展望　刘佳程/209
构建多层次罕见病保障机制　　　　　　　　韩　笑/213
账户制个人养老金如何发展　　　　　　　　陈　凯/217

CCISSR 理论综合

2021年中国保险业回眸与思考(上)

郑 伟

2022-01-07

2021年是"十四五"开局之年,中国保险业在改革发展的诸多方面可圈可点。概括起来,既体现在公司治理、偿付能力、险资运用、对外开放等较宏观的方面,也体现在养老保险、健康保险、农业保险、汽车保险等较具体的方面。本文上下篇分别就这几个方面予以讨论。

公司治理:出台纲领性监管制度

2021年6月,银保监会发布《银行保险机构公司治理准则》(银保监发〔2021〕14号,以下简称《准则》),这是银行业保险业公司治理领域的一项纲领性监管制度。《准则》共11章117条,包括总则、党的领导、股东与股东大会、董事与董事会、监事与监事会、高级管理层、利益相关者与社会责任、激励约束机制、信息披露、风险管理与内部控制、附则等。它的制定发布有利于健全保险机构公司治理机制,进一步提升公司治理的科学性和有效性,推动保险业实现更高质量发展。

公司治理决定了保险机构的先天基因和持久特质,公司治理监管是保险监管的一项重要内容。近年来,银保监会紧紧把握公司治理监管的重要定位,以"公司治理监管评估"为抓手,在构建中国特色保险业公司治理机制的道路上迈出了坚实的步伐,拥有了良好的开端。随着监管机构持续推进保险机构公司治理改革,保险机构越来越重视公司治理工作,从监管机构向保险机构的压力传导机制逐渐畅通,公司治理工作取得了积极成效。2021年银行保险法人机构公司治理监管评估结果显示,公司治理状况总体呈现稳步向好变化,股东治理、关联交易管理、董事会治理等重点领域改革取得一定进展。同时,公司治理部分领域存在的问题,包括党的领导虚化弱化、股东行为不合规不审慎、关联交易管理存在缺陷、董事会运作有效性不足等仍需引起关注。

健全公司治理是一项长期艰苦的工作,不可能一蹴而就。保险业公司治理由"形似"到"神至",公司治理监管由"形式规范"到"治理实效",真正实现率先落实《二十国集团/经合组织公司治理原则》,构建起健全的中国特色保险业公司治理机制,仍面临诸多严峻的挑战。

偿付能力:完成"偿二代"二期工程建设

2021年是我国保险偿付能力监管制度建设的一个重要年份,1月银保监会修订发布《保险公司偿付能力管理规定》,12月银保监会发布《保险公司偿付能力监管规则(Ⅱ)》,标志着"偿二代"二期工程建设顺利完成。作为保险监管的一项核心内容,自1998年保监会成立并提出"市场行为监管与偿付能力监管并重"的监管理念以来,偿付能力监管制度建设就一直在路上。"偿一代"建设肇始于2003年,完成于2008年;"偿二代"建设启动于2012年,完成于2015年2月,2016年1月切换至"偿二代"一期时代;"偿二代"二期工程建设启动于2017年,完成于2021年12月,2022年1月切换至"偿二代"二期时代。

《保险公司偿付能力管理规定》在总结吸收近年来"偿二代"建设实施最新成果和监管实践经验做法的基础上,进一步明确了以风险为导向,定量资本要求、定性监管要求、市场约束机制相结合的三支柱偿付能力监管框架体系。并且,与2008年版的《保险公司偿付能力管理规定》相比,新规定扩展了"偿付能力达标公司"的条件,由仅有一项即偿付能力充足率不低于100%,扩展为核心偿付能力充足率不低于50%、综合偿付能力充足率不低于100%、风险综合评级不低于B类等三项指标,提出了更高的监管要求。

《保险公司偿付能力监管规则(Ⅱ)》是"偿二代"二期工程的标志性成果,它的影响既主要体现在第一支柱上,也体现在第二支柱和第三支柱上。

新监管规则对第一支柱的影响可从三个角度看:从资产端

看,一方面,对保险资金运用的多层嵌套,要求"全面穿透、穿透到底",夯实了资产端的最低资本要求;另一方面,对符合国家战略方向的投资资产,适当降低资本要求,体现了资产端的监管支持导向。从负债端看,一方面,对汽车保险、融资性信用保证保险等保险业务基础风险因子进行调整并增设重疾恶化因子,夯实了负债端的最低资本要求;另一方面,对农业保险、专属养老保险等国家支持发展的方向,适当降低资本要求,体现了负债端的监管支持导向。从资本端看,严格了资本认定标准,比如,规定保险公司不得将投资性房地产的评估增值计入实际资本,将长期寿险保单的预期未来盈余根据保单剩余期限分别计入核心资本或附属资本,确保了保险公司的资本质量。

在第二支柱上,新监管规则强化了对保险公司偿付能力风险管理的要求,有利于监管难以资本化的风险。在第三支柱上,新监管规则进一步扩展了保险公司偿付能力信息公开披露的内容,有利于更好地发挥市场约束作用,让社会公众和利益相关方参与风险监督。

险资运用:市场化改革+风险监管+分类监管

2021年保险资金运用监管不断完善。9—12月银保监会陆续发布了多项险资监管政策,包括《关于资产支持计划和保险私募基金登记有关事项的通知》(银保监办发〔2021〕103号)、《关于调整保险资金投资债券信用评级要求等有关事项的通知》(银保监办发〔2021〕118号)、《关于保险资金投资公开募集基础设施证券投资基金有关事项的通知》(银保监办发〔2021〕120号)和《关于保险资金参与证券出借业务有关事项的通知》(银保监办发〔2021〕121号)等。12月银保监会还发布了《关于修改保险资金运用领域部分规范性文件的通知》(银保监发〔2021〕47号),对14件规范性文件进行集中修订,以解决个别监管制度条款滞后问题。

2021年保险资金监管政策呈现出几个突出的特点:一是深化市场化改革,比如取消保险资金可投金融企业债券白名单和外部信用评级要求,引导保险资金投资基础设施基金,允许保险资金参与证券出借业务,这些政策均有利于拓宽保险资金运用范围,扩大保险机构自主决策空间。二是强化风险监管,比如在资产支持计划和保险私募基金由注册制改为登记制之后,监管机构更加强调风险监测和事中事后监管;在现行的保险大类资产比例监管政策中,增设投资于非标准化金融产品和不动产资产的比例限制,防范非标准化资产领域投资风险。三是健全分类监管,比如根据保险机构的偿付能力充足率和资产负债管理能力评估结果得分的高低,规定了不同的资金运用权限,避免"一刀切"。综合来看,这种"市场化改革＋风险监管＋分类监管"的政策思路,一方面有利于优化保险资产配置和增厚投资收益,另一方面也有利于保险服务实体经济和资本市场发展,可达成"双赢"的目标。

对外开放:出现多个"首家"

2021年是中国入世20周年,国家"十四五"规划提出"实行高水平对外开放,开拓合作共赢新局面",要求实施更大范围、更宽领域、更深层次对外开放,稳妥推进银行、证券、保险、基金、期货等金融领域开放。在这样的大背景下,2021年3月银保监会修订发布《中华人民共和国外资保险公司管理条例实施细则》（银保监会令 2021 年第 2 号），12 月银保监会发布《关于明确保险中介市场对外开放有关措施的通知》（银保监办发〔2021〕128 号），保险业对外开放进一步深化。

《中华人民共和国外资保险公司管理条例实施细则》修订的主要背景是 2019 年 10 月国务院关于《中华人民共和国外资保险公司管理条例》的修订。修订后，外资保险公司的外方股东由仅限于外国保险公司扩展为外国保险公司、外国保险集团公司、其他境外金融机构等三类。外方股东的多元化，表明了我们支持更多符合条件的境外机构参与保险业发展的态度，也有利于丰富股东和资金的来源，进一步激发保险市场活力。

根据《关于明确保险中介市场对外开放有关措施的通知》，我国大幅取消外资保险经纪公司的准入限制，进一步降低外资保险中介机构的准入门槛，对保险中介机构适用"先照后证"政策。这些措施放宽了 20 年前我国入世承诺中关于外资保险中介机构的准入条件，有利于建设新型保险中介市场体系，促进保险业健康发展，更好地服务经济社会发展大局。

随着保险业对外开放的进一步深化，2021 年外资保险领域出现了多个"首家"，如首家外资专业养老保险公司（恒安标准养老）获批开业，首家外资独资保险资管公司（安联保险资管）获批开业，首家合资转外资独资的寿险公司（中德安联人寿）完成股东变更。这些变化与近年来国际上某些"逆全球化"的动作不同，它既体现了中国实施"更大范围、更宽领域、更深层次"的对外开放的坚定决心，也体现了入世 20 年之后的中国对自己的强大信心，中国保险业对外开放合作共赢的新局面令人期待。

2021年中国保险业回眸与思考(下)

郑 伟

2022-01-14

养老保险:个人养老金启幕

2021年,多层次多支柱养老保险体系建设继续稳步推进。5月银保监会印发《关于开展专属商业养老保险试点的通知》(银保监办发〔2021〕57号),自6月1日起,由6家人身保险公司在浙江省(含宁波市)和重庆市开展专属商业养老保险试点。9月银保监会批复同意工银理财等17家公司共同发起在北京筹建国民养老保险股份有限公司,注册资本111.5亿元人民币。9月银保监会选择"四地四机构"(工银理财在武汉和成都、建信理财和招银理财在深圳、光大理财在青岛)开展养老理财产品试点。12月17日,养老保险领域的一则重磅信息发布——中央全面深化改革委员会第二十三次会议审议通过《关于推动个人养老金发展的意见》,这标志着讨论多年的第三层次(支柱)个人养老金即将正式启幕。

人口老龄化是贯穿21世纪我国经济社会发展的一个基本国情。2000年我国进入轻度老龄化阶段,2022年将进入中度老龄化阶段,2035年左右还将进入重度老龄化阶段。在人口老龄化急剧深化的大背景下,国家"十四五"规划明确提出发展多层次、多支柱养老保险体系。应当说,这是积极应对人口老龄化、实现养老保险制度可持续发展的重要举措,因为单靠现收现付制的第一层次基本养老保险"独木难支",发展第二层次企业(职业)年金和第三层次个人养老金就显得尤为必要。

在我国,个人养老金应当具备几个基本特征:第一,有政策支持。在政府支持性政策中,最为常见的是财税政策,我国前一阶段的个税递延型商业养老保险试点,既积累了经验,也遇到了问题,值得总结反思,以便为个人养老金发展提供有利的政策环境。第二,个人自愿参加。自愿参加要求更多地考虑参与的便捷性,要让老百姓"看得明白、搞得懂、好操作",提升个人养老金的吸引力。第三,实行市场化运营。参加个人养老金的个体,可能有不同的保障需求和投资需求,对于这些个性化、多元化的需求,市场是最有效的资源配置方式。第四,实施专业监管。要想推动个人养老金顺利发展,不仅需要有效市场,还需要有为政府。在个人养老金领域,政府的"有为"不仅体现为提供政策支持,而且体现为实施专业监管,要有明确的实施办法和养老金融产品规则,"让参与各方有章可循、制度运行可监测可检验"。

健康保险:"规范"成为关键词

在健康保险领域,2021年银保监会发布了多项规范性文件,"规范"成为关键词。1月《关于规范短期健康保险业务有关问题的通知》(银保监办发〔2021〕7号)发布,5月《保险公司城乡居民大病保险业务管理办法》(银保监办发〔2021〕12号)、《关于规范保险公司参与长期护理保险制度试点服务的通知》(银保监办发〔2021〕65号)发布,6月《关于规范保险公司城市定制型商业医疗保险业务的通知》(银保监办发〔2021〕66号)发布。

2021年银保监会重点规范的健康保险既有纯粹的商业健康保险,也有服务社会保险(如城乡居民大病保险、长期护理保险)的社商合作型健康保险,还有带有一定政策支持的"惠民保"(即城市定制型商业医疗保险)。近年来,这几类健康保险发展较快,但也出现了一些需要关注的问题,"规范"监管的一个重要目标就是解决这些问题,强化消费者权益保护。

在短期健康保险方面,《关于规范短期健康保险业务有关问题的通知》要求规范产品续保,加大信息披露力度,规范销售行为,规范核保理赔。比如,近年来,部分公司把短期健康保险当作长期健康保险销售,一旦赔付率超过预期就停售产品,严重侵害了消费者利益。此次监管通知明确要求短期健康保险不得使用"自动续保""承诺续保""终身限额"等易与长期健康保险混淆的词句,以免误导消费者。

在社商合作型健康保险方面,《保险公司城乡居民大病保险业务管理办法》把原有的大病保险业务管理暂行办法和相关的五项制度整合为一个监管制度,构建了一个包含事前、事中和事后的全流程的大病保险监管体系。《关于规范保险公司参与长期护理保险制度试点服务的通知》对参与试点的保险公司的专业服务能力、项目投标管理、经营风险管控等提出了明确要求,旨在推动保险业助力长期护理保险制度试点,在民生保障领域发挥更加积极的作用。

在"惠民保"方面,《关于规范保险公司城市定制型商业医疗保险业务的通知》针对部分承保公司缺乏数据基础、风控能力不足、服务参差不齐等问题,对"惠民保"的保障方案制订、经营风险、业务和服务可持续性以及市场秩序等提出了明确要求,目的是在保护消费者合法权益的前提下,促进保险业更好地参与多层次医疗保障体系建设。

农业保险:推广完全成本和种植收入保险

我国不仅是农业大国,而且是农业保险大国,2020年我国成为全球农业保险保费规模最大的国家。2021年6月,财政部等三部门印发《关于扩大三大粮食作物完全成本保险和种植收入保险实施范围的通知》(财金〔2021〕49号,以下简称《通知》),决定在13个粮食主产省份的产粮大县,针对稻谷、小麦、玉米三大粮食作物,开展完全成本保险和种植收入保险。

在过去较长一段时期内,我国三大主粮农业保险的种类主要以直接物化成本保险为主。近年来,随着农户对提高农业风险保障水平的需求日益增长,直接物化成本保险越来越难以满足这一需求,于是出现了完全成本保险和种植收入保险。直接物化成本保险是指保险金额覆盖种子、农药、化肥、农膜等直接物化成本的农业保险；完全成本保险是指保险金额覆盖直接物化成本、土地成本和人工成本等农业生产总成本的农业保险；种植收入保险是指保险金额体现农产品价格和产量，覆盖农业种植收入的农业保险。这三种保险的保障水平存在差异，直接物化成本保险的保障水平约为农业生产总成本的40%，完全成本保险和种植收入保险的保障水平最高均可达相应品种种植收入的80%。

根据《通知》，在保险种类上，一方面继续保留直接物化成本保险，给予农户更多选择；另一方面在前期试点基础上扩大完全成本保险和种植收入保险的实施范围，在13个粮食主产省份的产粮大县开展完全成本保险和种植收入保险，2021年覆盖实施地区约60%的产粮大县（500个），2022年实现13个粮食主产省份产粮大县全覆盖。在保费补贴上，规定中央和地方财政对投保农户保费实施补贴，补贴标准为：在省级财政补贴不低于25%的基础上，中央财政对中西部地区和东北地区补贴45%，对东部地区补贴35%，并且不对农户自缴比例和市县财政承担比例做出要求，而是由各省结合实际自主确定。

农业保险高质量发展是农业高质量发展的重要支撑，扩大三大主粮完全成本保险和种植收入保险实施范围，有利于提高农业风险保障水平，提高农户种粮积极性，对于"把饭碗端在自己手里"、维护我国粮食安全和国家安全都具有重要意义。

汽车保险：新能源专属车险推出

在车险综合改革的大背景下，2021年12月14日，中国保险行业协会发布《新能源汽车商业保险专属条款(试行)》,同日中国精算师协会发布《新能源汽车商业保险基准纯风险保费表(试行)》,12月27日新能源车险正式上线销售。这些举措对于满足消费者保障需求、助推新能源汽车产业发展具有积极的意义。

发展新能源汽车是我国从汽车大国迈向汽车强国、应对气候变化、推动绿色发展的战略举措。发展新能源汽车面临诸多新的风险,离不开保险的支持。经过多年努力,我国新能源汽车产业取得了较大发展,2015年以来产销量、保有量连续多年居世界首位。国务院办公厅2020年10月印发的《新能源汽车产业发展规划(2021—2035年)》提出,到2025年新能源汽车新车销售量达到汽车新车销售总量的20%左右,到2035年纯电动汽车成为新销售车辆的主流。我们知道,新能源汽车具有许多与传统汽车不同的风险内容和特征,传统的机动车商业保险条款不能适应新能源汽车的需求,发展新能源汽车需要新能源车险的风险保障支持。

我国新能源汽车产业发展规划提出了"三纵三横"的研发布局,此次新能源车险专属条款与此高度匹配。"三纵三横"是指,以纯电动汽车、插电式混合动力(含增程式)汽车、燃料电池汽车为"三纵",布局整车技术创新链;以动力电池与管理系统、驱动电机与电力电子、网联化与智能化技术为"三横",构建关键零部件技术供给体系。新能源车险界定了新能源汽车的范围(即上述三类汽车),与"三纵"相匹配;其核心保险责任涵盖了具有新能源汽车特点的"三电"(电池、电机、电控)系统,与"三横"相匹配。

此次新能源车险具有很多专属性的产品设计。比如,针对新能源汽车的特点,新能源车险的保险责任包括"充电"过程中的相关损失;作为一个创新探索,"附加自用充电桩损失保险"和"附加自用充电桩责任保险"首次将车险承保范围扩展至车外固定辅助设备及其责任;"附加外部电网故障损失险"承保充电期间因外部电网故障导致的汽车直接损失。当然,需要注意的是,新能源车险是一个新生事物,在发展初期难免遇到一些新情况新问题,需要在"试行"的过程中不断加以完善。

风险世界：商业保险究竟能做什么？

孙祁祥

2021-05-07

在当今社会，不管是宏观领域还是微观领域、个人还是家庭、企业还是行业、政府还是社会，风险及风险管理都是不可回避的话题。这也不奇怪，自人类社会产生以来，风险就如影随形。借用一个形象的比喻来说，风险就是人类社会的"伴生品"，任何活动都必然有风险的伴随，只不过在不同的时代、不同的发展阶段，或者不同种类的活动上，风险这个"伴生品"的类型和程度有所不同而已。

变化中的"风险"

什么是风险？可以说，其相关定义众多，但见仁见智。不过，绝大多数人应当都认同这样的含义：人们不希望看到的、给人类生产和活动带来负面影响的东西。这里所谈的风险涵盖面很广，人们可以按照不同的维度做出不同的划分，例如，从宏观的角度将其分为自然风险、社会风险、政治风险、经济风险、技术风险、法律风险……每一个类别之下又可以按照各种维度再进行细分，如果没有篇幅限制，这个列表可以无限延续下去。

随着经济、社会的不断变化，特别是随着科技的进步和经济总量的扩大，新的生产方式、新的商业模式、新的产品在不断涌现。就像硬币都有两面一样，任何一种新的生产方式、商业模式和产品的出现，在给人类社会带来收益的同时，都使得人类所面临的风险总量在日益增大，风险类型日益增多，风险结构变得愈加复杂。《世界经济论坛》从2006年开始编制并发布《全球风险报告》。从最近十多年的发展变化可以看出，人类社会面临越来越多新近出现的风险。如《2021年全球风险报告》就列出了未来2年之内、3—5年以及5—10年人类可能面临的涉及经济、环境、地缘、社会、科技等五大领域的几十类风险因素，包括传染病、极端天气事件、大规模杀伤性武器、数字不平等、资产泡沫破裂、气候变化、人类环境损害、生态系统损害、网络攻击、技术治理失败、债务危机、多边主义崩溃、网络安全故障、恐怖袭击、社会保障崩溃、多边主义崩溃、反科学等。由此可以看出，我们的确生活在一个风险无时无刻不在的"风险社会"之中。

但遗憾的是，素有"经营风险的特殊企业"之称的保险公司，并不一定能直接承保上述所有的风险。因此,对于有些风险,当事人只能采取回避、防损减损或对冲的方式来应对;对于有些风险,则必须通过社会保险或者政策性保险的方式来应对。

那么,保险公司经营管理的风险是什么样的呢?从严格意义上来说,是被称作"可保风险"的风险,理想的"可保风险"通常符合以下标准:第一,经济标准,即这些风险具有"大量独立同分布""发生的频率较低,但一旦发生,其损失的严重程度很高""损失的发生具有偶然性"等特点;第二,技术标准,即损失发生的概率分布是可以被计量的,时间、地点和数额是可以确定的;第三,商业标准,即承保风险是在满足消费者需要的前提下,能为公司带来利润的;第四,法律道德标准,即所承保的风险是在满足前面三个标准的前提下,不与法律道德相违背的。当然,"可保风险"也不是一成不变的。随着科技手段的进步,许多原先的"不可保风险"将逐渐变成今日的"可保风险",今日的"不可保风险"可能将成为明日的"可保风险"。

这就可以看出,在风险社会中,保险公司真正经营管理的风险只是风险圈中所代表的一个较小的范围,即使这个范围事实上随着人类社会发展的变化是在不断扩大的:从财产风险到生命风险;从健康风险到责任风险;从海上风险到陆路风险;从汽车风险到航空风险;从巨灾自然风险到小额信贷风险……因此,当我们在说"保险公司是经营风险的特殊企业"时,其实是需要从两个维度加以限定的:第一,主体是指商业保险;第二,客体是指商业保险公司有意愿和能力来经营及管理的风险。如果不加限定,必然会让人误解这个行业,甚至给人以批评这个行业的"口实"。

当我们说"保险公司是经营风险的特殊企业",而不加"可保风险"的限定时,其实是将保险业自身推到了一个非常尴尬的境地。准确的说法是,商业保险应当遵循其发展规律和经营原则,承保自己"能够管理的风险",即"可保风险",而不是"希望管理的风险",否则保险公司的经营将面临极大的威胁,最终会损害所有投保人的利益,进而损害保险制度的根基。

扩容风险保障

当前的问题是,我国保险行业对"可保风险"的承保面还不足,保险密度、保险深度、投保率、理赔率、人均保单件数等各项指标均反映出,商业保险与它应当发挥的功能、扮演的角色相比,仍有较大距离,这才是我们更要警醒、反思、解决的问题。

要有效扩大"可保风险"的承保范围,保险业首先需要坚持"保险机制是损失补偿与风险控制的统一"这个原则,将保险视为一个过程而不仅仅是一个最终结果。在这个过程中,保险机构应利用自己的专业优势,聚焦承保标的的损失预防,由此减少社会财富在灾害和事故中的无谓损失。首先,保险公司积极的风控措施,将使更多的机构和家庭尝到"未雨绸缪"的甜头,从而主动购买保险产品和服务,由此提升风险保障的范围和层次;其次,保险业必须深化供给侧结构性改革,推动保险业自身的高质量发展,努力为社会提供适销对路的产品和服务;最后,保险业要积极运用科技手段来赋能产品设计、定价、销售、理赔等各个环节。实践表明,大数据、云计算、人工智能、区块链等新技术的应用,对扩大"可保风险"的外延,对风险做出更准确的评估,对数据的尽快收集与整理,对投保人进行更细致的分类,对降低信息的非对称性、对防止逆选择和道德风险等,都能起到显著的作用,由此可以降低保费、提高理赔速度,这必将提升保险的供给质量和效率,对消费者产生更大的吸引力。

除此之外,在风险社会中,商业保险还应当通过以下两个途径,积极从事"风险保障扩容"的工作:一是加大与社会保险的衔接,用专业技术来助力社会保险作用的发挥,以扩大风险保障的涵盖面;二是加大与资本市场的合作,用风险证券化等新型风险管理技术手段来撬动资本市场的力量,提升风险承保的能力,扩大风险承保的范围。

与此同时,商业保险作为具有持久生命力和极强正外部性的行业,还应当积极延伸其"触角",在以下六大体系建设中发挥重要作用:(1)投资体系。虽然我们不能用投资的思维来经营保险业,但保险经营的特点使其由"保障功能"派生出了很强的投资功能,保险公司理应成为资本市场上重要的机构投资者和其他投资领域中的重要参与者。(2)信用体系。信用是市场经济的精髓与要义。作为以"最大诚信"为基础的保险业,其经营原则和范式对建立全社会的信用体系具有重要的指导作用。(3)大数据平台体系。大数据正在深刻改变着人类的思维、生产、生活、学习和交往等方式。作为一个基于"大数定理"之上的行业,保险业从它诞生之日起,就与"大数据"有着完美的契合。没有数据,保险产品就难以定价,保险公司就难以防范逆选择和道德风险,保险业就难以跨时间、跨空间、跨载体聚集各类风险并以此熨平风险周期,降低风险损失。由此可见,保险作为一个以"数据"为重要基础而生存和发展的行业,无疑可以在大数据平台体系的建设中贡献经验、智慧和技术。(4)科技创新平台体系。科技创新是一国经济发展的重要引擎。科技产业特别是高新技术企业一旦成功,将产生大大高于一般企业的经济效益和社会效益;而一旦失败,将损失惨重,即所谓高收益与高风险并存。科技保险作为风险管理的最佳手段之一,在提升企业的创新能力,放大科技投入的产出效应,促进、推动和完善国家科技创新体系的构建等方面,可以发挥有效的作用。(5)巨灾风险防范体系。由于人类活动对自然环境造成的影响,自然灾害和极端天气事件发生的频率不断上升,巨灾发生的频率也越来越高。如果缺乏有效的风险防范体系,随着经济总量的增大,自然灾害频发地区的经济会越来越脆弱,由巨灾所带来的经济损失也会越来越大。商业保险在加快构建巨灾风险防范体系、提高巨灾风险的管理能力、促进社会的平稳发展方面能够发挥独特的作用。(6)社会保障安全网体系。促进社会公平正义、增进人民福祉、实现人的全面发展,是人类发展的终极目的。人的全面发展具有全面而深刻的内涵,但其首要前提是安全——生命的安全、财产的安全。保险就是这样一项伟大的制度,它具有保障财产和生命安全、维护社会稳定、推动社会进步的积极作用,在整个社会保障安全网中发挥着基础和重要的作用。

总之,有人类社会,就有无时无刻不在影响我们生产和生活的风险。作为市场经济条件下风险管理最为有效的机制之一,商业保险理应扮演重要的角色,充分发挥自己应有的作用,让人类社会在与风险"共舞"的同时,能够更好地"避害趋利"。

保险价值浅议

孙祁祥

2021-12-24

前不久,国内首部行业大型纪录片《大国保险》开播,引发全社会的极大关注和热议,被业内专家誉为"冷门题材成就热门话题"。

我理解,央视网精心打造这部气势恢宏的行业纪录片的初衷,是希望通过全时空、全场景的系统梳理和记录,回溯中国保险业百年来跌宕起伏的发展历程,总结发展规律,展望发展前景,在激励中国保险行业更好发展的同时,也为世界保险业提供一个中国样本。应当说,动机与效果达到了一致。但让策划人可能没有料到的是,该纪录片还产生了一个"无心插柳"的功效,那就是许多主流媒体和无数网友将其称为"既是纪录片,又是科普课,有助于拓宽公众对保险的视野边界,重构对保险的认知体系"。

这是一个很有意思的话题。何谓保险的认知体系?在我看来,它至少应当包括"保险是做什么的""保险的价值几何"等基本问题。

保险是做什么的?这似乎是一个不言自明、显而易见的"常识"问题,虽然在实践中也有一些企业老犯"常识性错误":不知道自己"姓"什么,还得劳烦别人来不断地做出告诫。

而关于"保险的价值几何"这个问题,我认为这倒不一定是一个具有共识的问题。可能如同一千个观众眼中有一千个哈姆雷特一样,一千个人对保险价值的理解也有一千种。我的粗浅理解是,保险的价值就是"用共享机制来拓展人类应对不确定性灾难事件的力量,以达到保障生命安全、健康安全和财产安全的目的,实现人类社会的可持续发展"。而深究起来,这一内涵实际上涉及人类社会发展的三个重要特性,即不确定性、共享与安全。

不确定性

人类是生活在一个不确定状态中的。多年前,我曾经在《北大保险评论》的一篇文章中谈到"没有人能准确地预知未来"。即使在人类社会的历史长河中,我们无数次地听到或看到这样的说法,如"×××准确地预测到了什么什么战争""×××准确地预测到了什么什么危机",但一个不可否认的事实是,我们绝大多数人都是凡夫俗子,没有相应的知识和能力去准确地预测可能发生在我们周围的不幸事件。于是,这样一种对未来的不确定将导致人们对未来的恐惧,进而可能导致不作为——因为不知道未来的结果将会如何,于是,小到可能减少生产经营活动,大到可能放弃对未来的科学探索。

退一万步说,即使人类可以准确地预测未来的风险,勇敢地接受命运的挑战,不惧怕不确定性所带来的严重后果,但面对可能的损失时,个体的力量实在是太有限了。如果由"个体"去应对这种风险,在绝大多数情况下,哪怕是极小的损失,都有可能是"伤筋动骨"的。而社会这个大系统是由各个"子系统"构成的,并且,在现代社会高度分工的背景下,各部门之间的前向联系和后向联系也越来越紧密,如果"个体"遭受损失不能及时"复原",将使产业链、供应链上的各个环节受到严重影响,进而影响经济的增长。

但保险制度的发明改变了这个历史。保险通过精巧的制度安排在以下两个方面发挥了革命性的作用:首先,它将未来的"不确定性"所可能产生的严重后果限制在可预见的范围内,并"锁定"这种损失,由此在很大程度上将结果的"不确定性"变得相对"确定",使人类可以在比较"成本"与"收益"的基础上进行合理的决策,并从事各种生产、经营活动;其次,它将人类"个体"的力量整合成了一支"集体"的力量,使人类应付灾难的能力呈几何级数增长。

共享

共享是社会主义的本质要求。经济发展依靠人民、发展成果由人民共享,增进人民团结、实现共同富裕,一直是党和政府强调的发展理念。2015年10月,党的十八届五中全会正式提出"五大发展理念",其中之一就是"共享"。

而中国共产党人不仅高度关注本国人民的利益,更是以"命运共同体"的新视角,寻求全人类的共同利益和共同价值的新内涵。继2011年中国政府发表的《中国的和平发展》白皮书提出"命运共同体"这一概念之后,2012年11月,党的十八大又明确提出,要努力倡导"人类命运共同体"的意识;十九大报告再次指出,"坚持推动构建人类命运共同体"。经过多年的实践,中国政府反复强调的这一关于人类社会的新理念已为世界上越来越多的国家所认识和接受。

"人类命运共同体"的理念强调"世界命运应该由各国共同掌握,国际规则应该由各国共同书写,全球事务应该由各国共同治理,发展成果应该由各国共同分享",它所包含和体现的"权利共同体""责任共同体"和"利益共同体",正是保险制度有效运行的核心机制;而"共享"发展所要求的"人人参与、人人尽力、人人享有",更是与保险"一人为众,众人为一"的互助理念高度契合。

安全

2001年,联合国大会宣布每年的11月6日为"防止战争和武装冲突糟蹋环境国际日"。在2021年的国际环境日那天,有知名专家发文呼吁"将安全纳入可持续发展,建设更加和平的社会"。

安全是人类社会最基础、最重要的诉求。在马斯洛的需求层次理论中,安全需求是人们实现社交需求、尊重需求和自我实现需求的基座。换句话说,没有安全需求的满足,其他一切需求都是空话。

在生命、健康、基本生活和财产得不到保障的社会中,首先,人们不可能安心从事生产建设活动,这必将大大降低劳动生产率;其次,由自然灾难和人为灾祸而导致的生命财产损失如果得不到及时救助及恢复,必将减少人们的财富积累,阻碍经济资源重组,遑论可持续发展。

安全保障涉及政治、经济、社会、科技等各个方面,而保险就是市场经济条件下涉及财产安全、健康安全和生命安全的一个最重要的经济保障制度。

由此可见,保险事关经济的发展、社会的进步和人类的生存意义,价值重大。马克思曾经说过,如果没有股份制度,世界上不可能出现铁路。这是在盛赞股份制的资本"聚集效应"。而保险制度不仅具有这种与"股份制"相似的巨大的资本"聚集效应",而且减少了人们由于不确定性而对未来产生的恐惧,由此激发了人类的创新潜力和动力,加快了人类社会发展的步伐。因此,可以毫不夸张地说,没有保险制度,人类社会前行的步伐将会缓慢得多。

经过四十多年的发展,我国已经形成了一个较为完整的保险市场体系;保险机构承保金额和承保范围不断扩大;服务国家发展战略、服务实体经济的能力不断增强;保险行业在积极参与国家社会事务管理、完善养老和医疗社会保障体系、减灾救灾、提高贫困人口风险抵御能力以及精准扶贫等方面均发挥了重要作用,保险的价值不断得到体现。

然而,我们也必须清醒地认识到,我国保险行业的风险承保面还不足,保险密度、保险深度、投保率、理赔率、人均保单件数等各项指标均反映出,保险行业的保障水平和能力,保险机构的治理结构、管理能力、技术水平、产品服务等方面都有很大的改善空间。

要更加充分地发挥保险的价值,必须有效扩大"可保风险"的承保范围。为此,保险业需要坚持"保险机制是损失补偿与风险控制的统一"这个原则,将保险视为一个过程而不仅仅是一个最终结果。在这个过程中,保险机构应利用自己的专业优势,聚焦承保标的的损失预防,由此减少社会财富在灾害和事故中的无谓损失。同时,保险业要在积极运用科技手段赋能产品设计、定价、销售、理赔等各个环节的基础上,深化供给侧结构性改革,推动保险业自身的高质量发展,努力为社会提供适销对路的产品和服务。

除此之外,作为具有持久生命力和极强正外部性的行业,保险还应当延伸其"触角",在信用体系、投资体系、大数据平台体系、科技创新平台体系、巨灾风险防范体系、社会保障安全网体系等六大体系的建设中,最大限度地体现其价值、发挥其作用。

最后再回到《大国保险》这部纪录片。我看到央视网的数据显示,有一条题为"保险不靠谱?官媒来正名"的留言获得了大量网友的点赞。我个人倒是认为,如果保险不靠谱,"上帝"正名也没有用。因此,还得行业自己来证明自己,这是一条铁律。

基于综合风险管理视角完善巨灾保险制度

刘新立

2021-05-14

"5·12"汶川地震距今已有13年,十余年来,我们一直在探索推进巨灾保险制度。

制度保障与产品实践

政策方面,2013年发布的《中共中央关于全面深化改革若干重大问题的决定》提出完善保险经济补偿机制,建立巨灾保险制度;2014年发布的《国务院关于加快发展现代保险服务业的若干意见》(国发〔2014〕29号)提出建立巨灾保险制度;及至2016年,随着《建立城乡居民住宅地震巨灾保险制度实施方案》(保监发〔2016〕39号)、《中国保险业发展"十三五"规划纲要》(保监发〔2016〕74号)等一系列政策陆续出台,巨灾保险的试点与落地逐渐增加,步入发展阶段;"十四五"规划中也明确提出完善国家应急管理体系,发展巨灾保险,提高防灾、减灾、抗灾、救灾能力。这些政策一方面推动了巨灾保险规范发展、先行先试;另一方面明确指出了巨灾保险制度的综合风险管理定位,引导实践从单纯关注巨灾保险的灾后经济补偿功能,转为更多地看到保险制度可以在灾前灾后的全过程中发挥的作用,如提出"充分发挥保险费率杠杆的激励约束作用,强化事前风险防范,减少灾害事故发生,促进安全生产和突发事件应急管理",以及将防、减、抗、救四个环节作为一个整体来统筹。

实践方面,2016年保监会、财政部等相关部门推动行业开发了首款巨灾保险产品——中国城乡居民住宅地震巨灾保险,当年12月在上海保险交易所上线。上海保险交易所承担了中国城乡居民住宅地震巨灾保险共同体运营平台建设工作,为巨灾保险业务提供覆盖全业务流程、集中统一的数字化基础设施。截至2020年年末,住宅地震保险累计为全国1273万户家庭提供了超过5250亿元的风险保障。此外,2017—2020年,共有7家保险主体在中国保险行业协会注册平台累计注册了57个明确标记巨灾的保险产品,其中,全国性产品7个,地区性产品50个;在售产品35个。一些地方也积极探索地区性巨灾风险管理方案。作为全国首批巨灾保险试点城市,宁波公共巨灾保险于2014年11月开始试点。2017年,宁波在总结试点工作基础上出台了《关于深化巨灾保险工作的实施意见》(甬政办发〔2017〕

151号)和《宁波市深化巨灾保险工作实施方案》,标志着试点期结束,公共巨灾保险作为宁波市政府长期性的制度安排正式确立。它首创了既保人身又保财产的巨灾保险机制,为全市城乡居民提供台风、暴雨、洪水等10余种灾害风险保障,已累计为21余万人次支付赔款超过1.29亿元。

突出风险管理功能

随着气候变化问题日益严峻,气候风险也越来越受到广泛关注,近年来达沃斯论坛上发布的《全球风险报告》屡次将气候变化列为从损失频率和损失幅度两个维度出发的最大风险。面对这样不确定的未来,推动巨灾保险的发展、充分发挥巨灾保险的风险管理功能显得尤为重要。

巨灾保险制度的推进,有赖于对其综合风险管理属性的全面认识。因为从理论上来说,能够称为巨灾的巨额灾害损失并不是理想的可保风险。因此,如果只是片面看待巨灾保险的灾后经济补偿作用,则易使供给和需求两方面都遇冷,增加巨灾保险推进的难度。综合风险管理思维的具体体现包括灾前和灾后的统筹、政府和市场的统筹、保险和科技的统筹等多个方面。

首先,巨灾保险制度应关注灾前、灾中和灾后的全过程。风险管理是一项系统工程,尤其对于巨灾风险来说,风险是单向的,即只可能造成损失,不可能有人从中获益。从全社会的角度来说,从长期来看,无论是否有保险制度,我们终将承担这些风险损失,因此,很多损失控制措施是必不可少的。灾前的预防和备灾,灾中的抗灾和灾后的救灾,每个环节都有风险成本更低的选择,都有其价值。在费率杠杆的调节机制下,保险制度可以更好地激励损失控制措施的应用。

其次,巨灾保险制度的推进有赖于政府和市场的有机配合。巨灾保险具有准公共产品属性,无政府支持难以推广和持续。纵观国际上较为典型的巨灾保险制度,很多都具有政府支持要素。如1996年成立的美国加州地震保险局便是政府特许经营并参与管理,且享受免税待遇;英国政府于20世纪60年代初推出洪水保险,政府的主要责任是通过兴建洪水防御设施等措施不断加大防洪投入力度以尽可能降低洪水风险;隶属于土耳其财政部的土耳其国家巨灾保险运行平台——土耳其巨灾保险共同体,负责建立国家巨灾风险模型,制定地震保险精算费率体系,设计保险基金规模和风险转移机制等,并开展防灾减灾研究和推动抗震标准的普及。普及抗震标准、提高承灾体的设防水平、推动巨灾模型的建立,这些都是成功的巨灾保险制度中政府发挥的作用,也是巨灾保险制度得以推广发展的重要前提。

最后,巨灾风险非理想可保的原因之一就是其厚尾特点,这对风险评估以及风险分散都形成了挑战。巨灾"低频高损"的特性使其缺乏有效的长时间观测数据来支持基于结果的风险评估及费率厘定,而必须借助科学与工程技术,构建巨灾模型,从基于过程的角度来评估风险。而很多类型巨灾的"大面积"性,使大数法则和中心极限定理前提难以满足,因此,对待巨灾风险的业务,不能局限于传统尺度的风险个体,而应通过产品创新或制度创新,在非传统的层面加强风险分散。在地域上,可鼓励更大范围的分散,像前文提及的50个地区性巨灾保险产品,数量虽然不少,但其销售区域却主要集中在上海、宁波、厦门、深圳和四川，如果能进一步在更多省市推广试点，实现风险的跨区域分散，精算假设的成立才更有保证，保险公司才会有更强的偿付能力。在产品方面，可以通过综合性风险保障来实现风险分散，例如宁波的巨灾保险就是包括自然灾害保险、突发公共安全事件（事故）保险、突发公共卫生事件保险和见义勇为保险等在内的公共巨灾保险，具有一定的创新性。

从第七次全国人口普查看区域人口发展特点

郑 伟

2021-06-04

2021年5月11日,国家统计局和国务院第七次全国人口普查领导小组办公室发布了《第七次全国人口普查公报》第一号至第八号,公布了关于人口总量和结构等诸多重要信息,引起广泛关注。本文从区域比较的视角,观察东部、中部、西部和东北四个区域的人口发展特点。

我们首先对区域划分做一个说明。按照国家统计局的常用划分方法,东部地区包括北京、天津、河北、上海、江苏、浙江、福建、山东、广东和海南10省(市),中部地区包括山西、安徽、江西、河南、湖北和湖南6省,西部地区包括内蒙古、广西、重庆、四川、贵州、云南、西藏、陕西、甘肃、青海、宁夏和新疆12省(区、市),东北地区包括辽宁、吉林和黑龙江3省。

根据目前公布的数据,我们可以对四个区域的人口总量、年龄结构和受教育情况等进行比较分析。需要说明的是,受数据可得性限制,各区域数据为区域内各省(区、市)的简单平均数据(而不是其汇总平均数据),并且数据计算存在四舍五入差异。

人口持续流入东部地区

从人口总量占比看,2020年,东部地区人口占比39.93%,中部地区人口占比25.83%,西部地区人口占比27.12%,东北地区人口占比6.98%。如果将2020年第七次全国人口普查与2010年第六次全国人口普查及2000年第五次全国人口普查的数据相比,我们可以看出21世纪第一个10年、第二个10年和累计20年各区域人口占比的变化情况——东部地区这三个数值分别为2.32、2.15和4.47个百分点,说明人口持续流入;中部地区分别为-1.13、-0.80和-1.93个百分点,说明人口持续流出,但流出速度有所减缓;西部地区分别为-1.18、0.23和-0.95个百分点,说明人口先流出、后有所流入;东北地区分别为-0.24、-1.20和-1.44个百分点,说明人口持续流出,且流出速度明显加快。总体而言,21世纪前20年,中部地区、西部地区和东北地区均呈现人口流出态势,唯有东部地区成为人口流入区域(见图1)。

老年人口明显上升

从全国人口年龄结构看,在2000年、2010年和2020年三

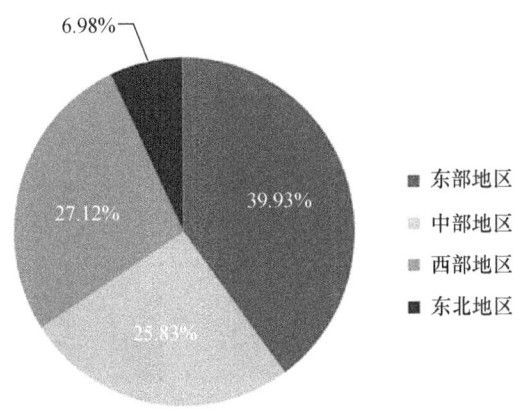

图1 各地区人口比例(李月敏/制图)

个全国人口普查年份,0—14岁人口占比分别为22.89%、16.60%和17.95%,呈现先明显下降后有所回升的态势;15—59岁人口占比分别为66.78%、70.14%和63.35%,呈现先有所上升后明显下降的态势;60岁及以上人口分别为10.33%、13.26%和18.70%,呈现持续上升、加速上升的态势。总体而言,21世纪前20年,少儿人口占比和劳动年龄人口占比均下降,老年人口占比明显上升(见图2)。

在2000年、2010年和2020年三个全国人口普查年份,若按以上三个年龄段划分少儿人口、劳动年龄人口和老年人口,则少儿抚养比分别为34.3%、23.7%和28.3%,老年抚养比分别为15.5%、18.9%和29.5%,总抚养比分别为49.7%、42.6%和57.9%。总体而言,21世纪前20年,全社会的少儿抚养负担先降后升,养老负担持续上升,总抚养负担先有所下降后急剧上升,说明21世纪第一个10年仍存在人口红利,但第二个10年人口红利已然消失。

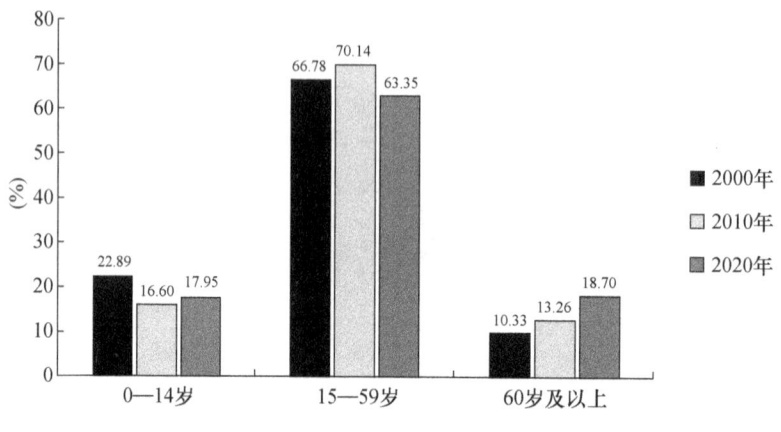

图 2 人口比例变化(%)(李月敏/制图)

中部地区人口负担较重

从区域人口年龄结构看,2020年,东部地区 0—14 岁人口占比(各省简单平均,下同)16.09%,低于全国平均水平;15—59 岁人口占比 65.02%,高于全国平均水平;60 岁及以上人口占比 18.9%,略高于全国平均水平。中部地区 0—14 岁人口占比 19.42%,高于全国平均水平;15—59 岁人口占比 61.75%,低于全国平均水平;60 岁及以上人口占比 18.8%,略高于全国平均水平。西部地区 0—14 岁人口占比 19.84%,高于全国平均水平;15—59 岁人口占比 64.15%,高于全国平均水平;60 岁及以上人口占比 16.0%,低于全国平均水平。东北地区 0—14 岁人口占比 11.05%,显著低于全国平均水平;15—59 岁人口占比 64.95%,高于全国平均水平;60 岁及以上人口占比 24.0%,显著高于全国平均水平。

从 2020 年的少儿抚养比、老年抚养比和总抚养比看,东部地区分别为 24.9%、29.2% 和 54.1%,中部地区分别为 31.6%、

30.5%和62.1%,西部地区分别为31.0%、25.1%和56.1%,东北地区分别为17.0%、37.0%和54.0%(见图3)。总体而言,东部地区由于少儿抚养比低于全国平均水平,老年抚养比略低于全国平均水平,使得总抚养比低于全国平均水平,人口负担相对较轻;中部地区由于少儿抚养比和老年抚养比均高于全国平均水平,使得总抚养比高于全国平均水平,人口负担相对较重;西部地区少儿抚养比高于全国平均水平,但老年抚养比低于全国平均水平,总抚养比略低于全国平均水平,人口负担居中;东北地区少儿抚养比显著低于全国平均水平,老年抚养比显著高于全国平均水平,总抚养比低于全国平均水平,人口负担相对较轻。但是,东北地区的人口负担结构具有一个与其他地区明显不同的特点,即其他地区的少儿抚养负担和老年抚养负担大致相当或差别不大,而东北地区的老年抚养负担(占总抚养负担的68.5%)显著高于少儿抚养负担(占总抚养负担的31.5%)。

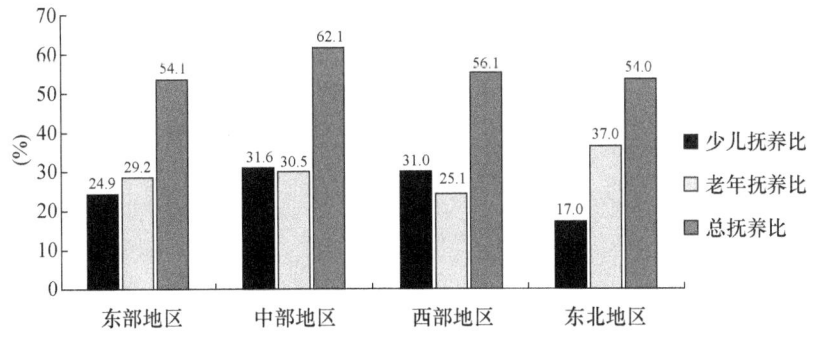

图3 2020年各地区抚养比(李月敏/制图)

受教育年限西部地区提高快

2020年,全国15岁及以上人口的平均受教育年限为9.91

年,比 2010 年提高 0.83 年。分区域看,东部地区(各省简单平均,下同)平均受教育年限 10.55 年,比 2010 年增加 0.87 年;中部地区 9.87 年,增加 0.87 年;西部地区 9.26 年,增加 0.99 年;东北地区 10.15 年,增加 0.64 年。从平均受教育年限看,区域排序从高到低分别为东部地区、东北地区、中部地区、西部地区;从 2010—2020 年十年间的平均受教育年限提高幅度看,区域排序从高到低分别为西部地区、东部地区和中部地区(二者并列)、东北地区。总体而言,东部地区居于领先,中部地区紧追不舍,西部地区加快追赶,东北地区虽仍居前列但未来堪忧。

综上,从人口总量、年龄结构和教育素质三个维度看,东部地区具有明显的人口总量势能优势,人口抚养负担相对较轻,教育素质居于领先地位;中部地区人口总量势能较弱,人口抚养负担相对较重,教育素质居中;西部地区人口总量势能较弱,人口抚养负担居中,教育素质相对落后但在加快追赶;东北地区人口总量势能很弱,人口抚养负担相对较轻但老年抚养负担很重,教育素质虽仍居前列但未来堪忧。

老龄化背景下保险业的优势和机遇

陈凯

2021-08-06

近期公布的第七次全国人口普查数据显示,我国65岁及以上的老龄人口规模达1.9亿人,占比达13.5%,老年抚养比达19.7%,老龄化问题十分严重。再对比之前的普查数据,我国的人口老龄化已经进入加速阶段。2010—2020年,60岁及以上人口比重上升了5.44个百分点。按照这一趋势,在"十四五"期末,我国老年人口很有可能突破3亿人,届时我国将成为深度老龄化国家。保险行业面临的既是机遇也是挑战。如果保险行业能在养老领域开展更多的工作,无论是对社会的贡献还是对行业的发展都有巨大的作用。从保险的特点考虑,个人认为保险业在应对老龄化问题上有三个优势,可以加以利用:

第一,精算技术和风险管理能力优势。众所周知,精算技术和风险管理能力是保险公司的核心竞争力。一家保险公司的产品是否具有吸引力,经营利润模型的预测是否准确,公司的策略是否执行到位,这些都与公司精算部门的能力息息相关。而在养老问题上,围绕长寿风险、健康风险的风险管理和精算厘定正是保险行业相比其他行业的优势所在。保险公司可以根据自身的风险偏好,结合市场需要,设计诸如年金保险、健康保险、长期护理保险、失能保险、终身寿险等保险产品。一方面可以为有需求的个人提供多样化的保障方案,另一方面也可以优化保险公司的产品架构,实现不同产品间的风险对冲,提高公司的偿付能力。

第二,长期资金管理能力优势。保险公司与其他金融类资本管理公司不同,其资金来源相对长期和稳定。这种特点非常适合养老资金的长期管理,不受短期波动的影响,可以为个人提供跨周期、安全、稳健的投资收益。从近年来监管部门的政策导向也不难看出,在"大资管"的背景下,监管部门一直在鼓励保险公司进行长期投资。这一点也和老龄化背景相契合。

第三,销售渠道优势。在老龄化背景下,越来越多的个人开始关注自己的养老保障和财富管理问题,但并不知道应该如何购买相应的产品和服务。保险公司的销售渠道网络则可以发挥优势。结合代销模式,保险公司可以更有效地接触到这些有需要的人群,提供适当的养老保障和财富管理咨询业务,同时进一步扩大行业规模。

那么,保险业该如何利用这些优势来抓住潜在的机会呢?我认为主要有两个发展方向:

首先,推广个人财务管理计划,发展养老金融。养老问题在很大层面上是钱的问题。老年人退休之后的主要收入来源是个人在职阶段的财富积累。只有通过构建合理有效的个人财富管理计划,才能让个人在退休后有充足的收入来源,从而过上体面的退休生活。由于保险公司具有较好的长期资金管理能力,保险行业可以在价值投资、长期投资的理念指引下形成差异化的产品体系,在个人财富的管理计划中嵌入适当的保险业务,利用保险资金的长周期性实现对财富管理的延续效应。同时,保险资金的长期性投资和价值投资可以穿越整个经济周期,从抵御通货膨胀的角度来讲,它可以平滑经济周期的波动。这种跨期且长期的财富管理正是在老龄化背景下财富管理计划中最需要解决的问题。同时,随着老龄化问题的加剧,居民家庭资产配置的思路也在发生转变,越来越多的家庭需要根据自身的风险偏好进行多样化的资产配置。保险行业的精算和风险管理优势可以发挥作用,帮助居民进行有效的风险对冲和管理,从生命周期的角度帮助居民进行金融资产配置。

其次,布局医养服务业。如果说个人财富管理是解决老龄阶段收入的问题,那么医养服务业则是解决退休后服务的问题。由于我国老龄化速度非常快,针对老年人的医疗、护理、照料等服务均有明显不足。根据最新的可得数据,截至2019年年底,全国共有各类养老机构和设施20.4万个,养老床位合计775万张,每千名老年人拥有养老床位30.5张。面对逐年增长的老年人口和养老服务需求,我国养老服务的供给还远远不够。这正是保险行业的潜在机会。一方面,保险资金具有规模大、成本低、期限长、追求长期稳定收益等的特点,这非常适合在养老、健康、医疗、康复等产业进行投资,可以为养老及相关产业提供长期稳定的经费支持。另一方面,保险公司的精算和风险管理优势可以更好地控制相关的投资风险,从而在成本核算、长寿风险对冲等方面具有较大的优势。举例来说,目前运行中的部分养老社区经常会碰到销售数量和床位不匹配的情况,主要是因为未来入住的客户数量存在较大的不确定性,房屋空置会产生不必要的成本。而保险公司运营的养老社区则可以依靠对客户全面专业的分析以及精算预测模型来对客户未来的预计入住时间和概率形成合理的预判,从而提高房屋使用率、节约空置的成本。

然而,无论是对于个人财富管理计划还是老龄服务产业,我国目前的宣传力度都远远不足,仅部分专业媒体和销售产品的保险公司才会提及。保险行业一方面要依靠官方渠道的宣传,另一方面也要利用自有的销售渠道来引起消费者的注意,让更多的人意识到老龄化问题的严峻性。之后,再结合自身专业技术优势、资金管理优势和销售渠道优势,从收入和服务两方面入手,抓住老龄化带来的机遇,增强保险行业的影响力,使保险业更好地服务社会、服务人民。

应对老龄化措施的效用分析

朱南军
2021-09-03

老龄化问题并不单单是老年人口的问题，它既包括劳动人口比例降低带来的劳动人口负担过重问题（往往表现为各种社会保险缴费率高企不下，以及需要更长的工作时间才能养家糊口），也包括老年退休人口面临养老财务压力和缺乏亲情关怀问题。各个领域的专家从自身研究领域提出了不同的解决措施与方案，在诸多应对人口老龄化的措施中，哪些是有效的，哪些是无效的呢？

提高社会整体储蓄率：个体有效。从广义

上讲,参加养老保险(包括社会保险和商业保险)是提高社会储蓄率的一种措施。社会储蓄与养老保险的意义不可否定,从个体与家庭的角度,储蓄与养老保险在个人理财和生命规划方面实现了个人与家庭财富在时间维度上的纵向调节。如果每个家庭都实现了财富在时间维度上的纵向调节,也就在理论上决定了个人和家庭在未来某个时点上横向之间的财富分配关系。但从宏观整体社会的角度来看,财富主要由劳动人口创造,在未来社会劳动人口比例不断走低的情况下,提高社会整体储蓄率要么导致未来的通货膨胀,要么导致无通货膨胀的经济停滞,并不能缓解未来社会劳动人口的工作压力,也不能从根本上解决未来老年退休人口面临的养老财务压力和亲情关怀缺乏问题。高储蓄率不是解决老龄化问题的有效措施,邻国日本就是一个典型的例子。

提高社会生产率水平:"好"而无效。提高社会生产率水平当然是一件"好的事情",因为它提高了一国的整体财富水平与生活标准,无论是否面临人口老龄化的国家都会从中受益。然而,老龄化问题与一国的整体财富水平和生活标准并无必然关系。日本、欧盟存在老龄化问题,并不是说这些国家和地区的老人生活的绝对水平有多低;反之,印度、非洲、南美洲的一些国家当前不存在老龄化问题,也并不意味着这些国家老年人口的绝对生活水平有多高。如果劳动人口比例不断降低,即便社会生产率水平提高了,该国劳动人口也会在一个更高的生活标准上面临工作压力,退休人口也会在一个更高的生活标准上面临养老财务压力和缺乏亲情关怀。

延迟退休年龄:有效也是必然。之所以有效,是因为延迟退休年龄能直接提高当前劳动人口比例,缓解劳动力不足的问题。从全球范围看,在人均寿命不断增加的情况下,延迟退休年龄已成为必然。在中国,对延迟退休年龄政策的讨论是比较充分的,但是延迟退休年龄具体政策方案的落地将是一个社会群体利益反复博弈的过程。延迟退休政策虽然直接提高了当前劳动人口比例,暂时优化了当前劳动人口结构,解决了劳动力不足的问题,但是却不能解决少子化带来的老年退休人口的亲情关怀问题。

规划教育时间:有效,但需破除教育迷信。2020年,有专家因提议通过缩短教育时间来缓解老龄化问题而备受批评。当前确实需要破除一些教育迷信:教育不是时间越长越好,而要看教育效率与效果;教育也不是一定要在进入社会前完成,而是要贯穿职业生涯的整个过程。实际上,在当前的教育体系与升学环节中,部分学生花费了太多时间在应对各种考试上,却没有注重获得更广泛充分的知识与实际劳动技能;一些寻求接受研究生教育的人并非对自然科学研究或者社会科学研究抱有浓厚的兴趣,而只是为了延缓就业,或是获得更高的社会地位。过长的无效教育时间不仅延缓了年轻人口开始社会劳动的时间,降低了劳动人口比例,同时也压缩了年轻人口的生育区间,进一步加剧了人口老龄化的问题。教育贯穿生命的全部过程,有些高等学历教育特别是研究生教育可以在进入职业生涯以后实现,这样不仅可以使就业年龄提前,也有利于劳动人口根据自身爱好与特点选择适合自己的专业领域来接受教育,做到有的放矢。当然,这需要教育政策的配套改革。

输入外国劳工或移民:有效但问题重重。这在一些国家和地区,如美国、澳大利亚、法国、德国、新加坡等有一定的效果,但也会带来一系列问题。同时,由于我国人口基数太大,难以找到合适的劳工人口来源国。我国短期内通过输入外国劳工或移民解决老龄化问题的难度很大。从日本的情况看,即使面临严重的人口老龄化和劳动力短缺的情况,其对引入外国劳工和移民也是非常谨慎的。

提高社会生育率水平:长期有效但需完善。采用政策手段提高生育率水平将增加未来的劳动人口,优化人口结构。但是提高社会生育率水平的效果将在一代人之后才能充分显现。放开二孩三孩生育政策是一个"功在当代、利在千秋"的政策。但应注意到,生育与否和生育多少属于个体及家庭选择的范畴,政府更需要运用经济与社会管理手段给予帮助,通过减轻养育的经济压力,让期盼生育的家庭敢生多生。

将巨灾保险机制纳入国家应急管理体系

贾 若

2021-09-24

国家应急管理体系是应对突发事件的基础性、关键性机制，是国家管理突发事件的根本性制度保障。保险是现代社会风险管理的基本手段，是国家和社会治理体系的重要组成部分，也是提升国家和社会治理能力的重要工具。重大事故或自然灾害发生后，巨灾保险等保险机制能够快速、充分、精准地提供损失补偿；事故或灾害发生前，巨灾保险机制还能够预先规划损失分配，标准化防损减损措施，从而为应急管理工作贡献来自市场的专业力量。

具体来说,保险机制可以在国家应急管理体系中发挥以下三个方面的独特作用:

化解财政资金计划性和救援成本不确定性之间的矛盾。灾害和事故保险一般会补偿防损减损救援的费用,保险机制能够为应急管理过程中的救援费用、救援人员的人身伤害和设备损失、救援过程中为避免损失扩大和人身伤害加重而采取的对受害人的应急救济措施等提供补偿。随事故和灾害大小、救援难易程度的变化,救援成本存在不确定性,这与财政资金的高度计划性和相对固定性产生了矛盾。保险机制可以最大限度地发挥有限财政资金的杠杆作用,以确定水平的保费交换或有或无、或大或小的损失和救援成本补偿。

提供事前风险管理服务。保险机制的作用不仅在于补偿事后损失,也在于提供事前风险管理服务,包括提供非财政保障的救援装备设备维护、耗材补充等,提供现场和非现场的风险防控专业意见,提供应急管理和风险管理相关的交流、学习、参访、培训等。事前常态化风险管理过程中,保险机制通过对事前风险控制的成本进行科学厘定和年度调整,合理确定保费和手续费。从某种程度上讲,保险机制可以成为应急管理体系提高事前风险防控资金使用效率和灵活性的工具。

化解因损失补偿不充分、不及时而产生的矛盾和压力。事故灾害损失补偿虽然不是应急管理部门的职责,但损失补偿缺位往往会对事故原因调查、事故责任划分、直接损失核定造成额外的压力,表现为因事故原因、责任、损失不清而产生的社会矛盾和社会舆论。保险机制独特的功能在于通过快速查勘定损,有效地判定事故原因、核定事故损失,同时快速、充分、精准地提供损失补偿,安抚受害人——保险机制通过市场的力量可以在一定程度上分担应急管理部门的责任和压力。

将巨灾保险机制纳入国家应急管理体系可以考虑采取如下两个步骤:

第一步,应当明确巨灾应急保险是国家应急管理体系的组成部分,开展巨灾应急管理综合保险试点。建立巨灾保险制度,有助于减轻地方政府在巨灾应急管理中的财政压力,强化市场化(再)保险的损失融资作用。虽然国家财政资金有一定应急弹性,可拨付地方用于灾害和事故应急,但这种弹性是有限的,中央应急资金的用途、申请程序有较高的规范性要求,对地方应急管理声誉也可能造成潜在的负面影响。单一城市在事前为巨灾风险储备的资源是有限的,财政在事后为巨灾损失提供补贴的弹性也是有限的。通过将巨灾保险纳入应急管理体系,能够将一座城市的风险和损失在事前分摊到全国甚至全球范围;当灾害发生时,迅速调用全国乃至全球储备(保费)应对一座城市的灾害。巨灾损失融资依合同条款自动完成,无须在巨灾发生后相机决策,避免了时间延误和不确定性。

第二步,可以考虑构建政府与市场合作的巨灾应急保险体系。灾中灾后的财政救济是使用最广泛、历史最悠久,也是制度上最"简便"的国家巨灾风险管理工具,能有效提高居民的效用;但同时也会降低居民在灾前采取预防措施、购买巨灾保险的动力,还可能造成补偿救济不充分、不及时、不公平等情况,加重政府的财政负担。保险作为市场经济风险管理的基本手段,虽然能够很好地实现风险分散、有效降低灾害损失、精确划分保险责任、及时提供经济补偿,但是,巨灾风险低频高损的特性往往会导致商业保险定价偏高,直保公司因巨灾而破产的风险大,个人不愿意负担商业巨灾保险保费。因此,从全球范围来看,巨灾保险市场大多需要政府介入提供支持。比如,通过税收提升全社会巨灾风险转移开支,强制个体承担部分巨灾损失,来解决巨灾保险市场供需失衡的问题,减轻政府灾中救济和灾后重建的财政压力;政府也可以直接提供巨灾(再)保险,弥补商业保险市场跨期风险融资能力弱的缺陷,提高巨灾承保能力,改善社会福利。

CCISSR 行业发展与规划

构建"健康保险+健康管理"的行业新生态

谢志伟

2021-03-19

截至2019年,中国65岁及以上人口比重已达到12.57%,快速老龄化的人口结构使得人们的就医和护理需求增加,也推动了我国健康保险业务的迅猛发展。根据银保监会披露的数据,2020年我国健康保险原保险保费收入为8172.7亿元,占当年人身保险原保险保费收入的24.5%,健康保险保费收入同比增长15.7%,增速在所有人身保险险种中位列第一。随着我国健康保险市场的迅速增长,"健康保险+健康管理"的概念也频频成为新闻热词。从业务逻辑上看,健康管理服务可通过健康监测和疾病预防辅助保险产品管理健康风险,而大数据、区块链以及物联网等保险科技新业态的兴起,则直接为保险公司经营健康管理业务提供了技术平台支持。目前我国健康保险与健康管理的融合发展仍处于起步阶段,为了进一步规范行业健康管理服务的发展,银保监会办公厅于2020年9月发布了《关于规范保险公司健康管理服务的通知》(银保监办发〔2020〕83号,以下简称《通知》),对健康管理服务要求、业务运行以及监督管理做出了明确规定。2020年12月,中国保险行业协会与中国健康管理协会推出《保险机构健康管理服务指引》(以下简称《指引》)系列标准,从行业规范角度为保险公司经营健康管理服务提出了业务标准。《通知》和《指引》首次明确了健康管理的业务内涵与服务标准,为中国保险机构健康管理业务的发展指明了方向。

健康管理的内涵与标准

按照《通知》给出的定义,保险公司提供的健康管理服务,是指对客户健康进行监测、分析和评估,对健康危险因素进行干预,控制疾病发生、发展,保持健康状态的行为,包括健康体检、健康咨询、健康促进、疾病预防、慢病管理、就医服务以及康复护理七大方面。《通知》允许保险公司单独开展健康管理业务(其中专业医疗资质服务需与第三方机构合作开展),或者将健康管理服务包含在保险产品责任条款中,两种业务形式都要求保险公司在合同条款中明确服务内容和服务价格。因此,健康管理的根本目的在于通过预防疾病发生、控制疾病发展、促进疾病康复,帮助保险公司更好地实现健康风险的有效管控,是传统健康保险业务的纵向拓展。

《指引》按照服务方式的不同,将健康管理服务进一步分为五类,即内容服务、工具服务、咨询服务、干预服务和数据服务。内容服务和咨询服务负责为客户提供健康管理信息;干预服务负责健康管理方案的沟通与执行;数据服务为客户建立专业的健康档案,记录检查、疾病、医疗等信息;工具服务指开发专业健康设备以及设计健康管理程序。同时,《指引》根据客户健康风险状况做了风险分类,将人群分为低风险人群、高风险人群和理赔人群三类:低风险人群包括未发生理赔且健康风险较低的客户,低风险人群的需求主要是健康促进类服务;高风险人群指在保险期间出现了重病前症(指可明确诊断的、和重病的发生有关联关系的疾病、生理指标或体征异常的病症)的客户,保险公司需要针对具体的健康风险因子或重病前症帮助客户进行疾病管理;理赔人群即已经发生理赔的人群,对于此类人群,保险公司提供健康管理服务的目的在于降低个案赔付和二次赔付的风险。

那么,我国的健康管理业务模式与美国的管理式医疗业务模式存在什么联系和区别？所谓管理式医疗(Managed Care),是指保险公司通过与医疗机构深度合作以控制医疗成本的商业模式,又分为优先医疗服务组织(Preferred Provider Organization,PPO)和健康维护组织(Health Maintenance Organization,HMO)两类,前者代表被保险人与医疗机构集中谈判来降低医疗成本,后者通过整合经营医疗业务和保险业务达到费用控制的目的。管理式医疗与我国的健康管理服务的共同点在于,二者的目标都是管控健康风险,降低医疗成本;区别之处在于,前者更侧重于就医治疗和康复护理环节,而后者则更加灵活多元,既可以覆盖治疗和护理环节,也可以只参与疾病发生前的健康监测和疾病预防环节。我国健康管理服务的灵活性源于中美两国医疗保障体系的不同,美国是一个典型的以商业保险为主的市场,而我国的医疗保障体系是以公共医疗保险为主、商业健康保险作为重要补充,基础性的医疗支出可由公共医保制度报销,商业保险主要覆盖重疾和慢性疾病的高额医疗支出,因此做好事前的风险识别和管理对保险公司非常重要,灵活多元的业务结构更加契合我国的医疗保障体系。

健康管理服务面临的挑战

未来保险公司做好健康管理服务仍然面临一定的挑战。首先,健康管理的数据整理工作较为困难。健康管理业务的数据相比保险产品更加密集,除了疾病史,还包括客户的日常活动、体育锻炼、饮食结构、身体指标以及作息时间等数据,数据收集整理工作更为复杂,而健康数据又与服务定价密切相关。其次,健康管理面临着与现有保险业务的整合问题。将健康管理业务与保险业务整合,更有利于保险公司管控健康风险,提高服务的附加值。但目前两种业务的整合仍然缺少成熟的解决方案。最后,健康管理服务的市场虽然庞大,但较为分散,不同疾病人群在不同阶段对健康管理服务的需求存在差异。如何在庞大而分散化的市场中争取主动权,是保险公司需要面临的挑战。

基于以上分析,保险公司从事健康管理服务在未来需要注意以下几点:

第一,深化合作,将保险业务深度融合于医疗服务行业。保险公司可以借助第三方医疗机构的专业资质和能力,在防病、诊病和治病的阶段提供额外附加值的服务。在中长期,通过专业健康数据的积累,保险公司也能够进一步优化保单服务的定价方式,针对特定病种和特定人群进行产品创新,形成数据—服务/产品—新数据的正向闭环。

第二,注重客户体验,为客户搭建一站式健康管理平台。良好的客户体验是健康管理服务的评价标准,而有效管控健康风险是健康管理服务的根本目的。一站式健康管理平台通过整合健康管理和保险保障服务,实现两种业务的数据互通,可以更有效地管控健康风险,同时也能为客户提供更加方便快捷的服务体验。

第三,细分客群,通过定制化服务满足市场的长尾需求。根据前文论述可知,不同风险群体在不同阶段面临的需求呈现差异化特征。这就要求保险公司既能够把握不同人群对健康管理服务需求的共性,更要抓住客户群体的独特性。通过细分客户群体,为不同特征的客户提供个性化、定制化的服务,满足市场的长尾需求,这既能为保险公司赢得市场份额,也能进一步帮助企业做好风险管控。

实施乡村振兴，保险应发挥比较优势

郑豪

2021-04-02

2021年是"十四五"的开局之年，也是中国从脱贫攻坚到乡村振兴起承转合之年。"十三五"期间，中国实现了5 630多万农村贫困人口、12.8万个贫困村和832个贫困县全部脱贫摘帽，消除了绝对贫困和区域性整体贫困，是人类发展史上的伟大壮举。2021年《中共中央国务院关于全面推进乡村振兴加快农业农村现代化的意见》（一号文件）特别强调要实现巩固拓展脱贫攻坚成果同乡村振兴有效衔接，重点是对易返贫致贫人口及时发现并帮扶防止规模性返贫,提高内生发展动力并促进产业的健康发展等。如何保住脱贫攻坚的胜利成果和保持扶贫产业发展成果,是乡村振兴首先要面对的挑战,而发挥好保险的比较优势则成为关键。

在脱贫攻坚中,保险发挥了非常重要的作用,但与其他投资性的开发式扶贫措施相比优势并不明显。保险作为风险管理的重要手段,在扶贫工作中有许多重要的应用场景。比如,养老保险能有效保障贫困人口的基本生活,使得老年贫困人口老有所依;基本医疗保险、健康保险、意外保险等保险产品能有效减轻贫困人口的医疗负担,防止贫困人口因病致贫返贫;农业保险能对农业生产养殖中出现的自然灾害、牲畜疫情和价格波动进行经济补偿,防止贫困人口因灾致贫返贫。尽管保险扶贫在脱贫攻坚中发挥了重要作用,但由于脱贫攻坚的主要目标是改善贫困人口的基本生活条件和收入状况,工作的核心是改善贫困村基础设施和贫困人口的生活设施,提高扶贫对象的劳动技能、教育水平和健康水平,以及通过易地扶贫搬迁和集体产业发展等措施提高帮扶对象的收入水平。这些帮扶政策本质上是对扶贫对象进行一次精准的大规模基础设施投资、人力资本投资和产业投资,目的是使其在后续生活中具备独立发展的基本能力和条件。扶贫工作的首要任务是精准解决贫困人口人力资本和物质资本缺乏问题以及弥补贫困地区的投资不足,而保险作为风险防范的有效工具,其优势在于降低波动,应对不利冲击。虽然信用保险等产品能帮助贫困户进行信用增级获得资本,但整体上保险对解决贫困人口和地区资本缺乏的问题作用有限。

规避四类返贫风险

随着脱贫攻坚转向乡村振兴战略,在巩固脱贫攻坚的胜利果实和农村地区发展产业的过程中,保险可以发挥比较优势。脱贫攻坚战胜利后,防止规模性返贫成为过渡阶段的重心,这意味着扶贫工作的方式将从开发式扶贫转变为开发式扶贫和保障式扶贫相结合,各项扶贫政策需要重点关注各类型的返贫风险。

返贫风险可以大致分为以下四类:第一类是老无所养的风险,即因养老储蓄不足或者子女无赡养能力,在老年期面临收入下降而返贫。第二类是因病返贫的风险,即因疾病或者意外事故失去劳动和工作的能力进而返贫。第三类是因灾返贫的风险,即因气候异常、牲畜疫情、农产品价格波动导致农业收入下降;因吸纳就业的涉农企业收入下降,间接导致其收入下降或失业的风险。第四类是因洪水、火灾等自然灾害导致生产生活设施被破坏,从而生活质量和生产能力下降的风险。这不仅包括个人房屋、家庭生活设施和生产工具被毁的风险,还包括在脱贫攻坚中扶持起来的集体经济和吸纳脱贫人口就业的涉农企业财产和生产工具被毁的风险。

产业扶贫是脱贫攻坚中最为重要的扶贫政策之一,有集体经济企业也是贫困村脱贫必须具备的条件,为此政府和社会对每个村发展集体经济投入了大量的资金和人力。但是现阶段,这些贫困村的集体经济由于经济实力还相对较弱,自身抗风险能力还不足。面对这四方面的风险,保险有天然针对性和比较优势,可以发挥巨大作用。首先,在养老保险领域,应继续扩大基本养老保险的覆盖面并稳步提高替代率,同时引导和鼓励脱贫人口运用补充养老保险产品来提高养老储蓄,避免脱贫人口老无所依和老无所养。其次,加强脱贫人口和低收入群体的保险教育，提高保险意识，同时鼓励开发保障低收入群体核心健康风险和意外风险的针对性保险产品，防止他们因病返贫或者因意外事故返贫。再次，扩大和提高农业保险覆盖面及保障程度，保障农业人口和涉农企业生产经营风险，防止脱贫人口因灾返贫和涉农企业因灾破产。最后，鼓励相关企业采用企业财产保险等方式进行风险管理。尽管目前中国财产保险市场中企业财产保险增速并不慢，但是整体规模还较小，需要供给和需求同时发力。在供给侧，保险公司应该改革产品设计，开发有针对性和小微企业可支付的企业财产保险产品；在需求侧，应当加强企业的风险管理意识，鼓励企业运用保险工具提高自身的风险抵御能力，而非依靠政府救助。

绿色保险亦有可为

除了这些应用，保险还可以在农村绿色发展和建设生态农村中发挥重要作用。当下，绿色发展和生态农村理念深入人心，也是世界发展的潮流，如何在发展乡村地区产业、实现乡村振兴的同时保护生态环境不受破坏十分重要。这不仅需要国家和各级政府在立法及执法层面开展大量工作，也需要综合运用各类风险管理工具，比如环境责任保险。环境责任保险在绿色发展和生态发展上有不可替代的优势：一方面，保险公司可以利用环境污染责任保险的经验费率机制来促使企业加强环境风险管理，提升环境管理水平；另一方面，环境责任保险能够分散环境污染的风险，将单个企业难以承担的环境污染风险分散到众多企业身上。

保险是现代化的风险管理手段，在防止规模性返贫上能够发挥更重要的作用,是脱贫攻坚与乡村振兴有效衔接的重要保障,同时在实现农村绿色发展和生态发展上还有其独特的优势。综合运用保险工具能够有效降低政府的负担,在保障脱贫攻坚胜利果实的同时,还能帮助其建立起独立的风险防御意识,从而达到提高社会治理能力的目的。

数据要素化：保险科技新层次

吴海青

2021-04-23

近年来，随着保险科技的概念逐渐深入人心，保险行业的科技化也日益成熟，并逐步由传统的技术辅助发展到了新的层次：数据要素化。

所谓数据要素化，就是指将包含信息的数据作为一种关键的生产要素进行生产并产生收益。保险行业一直都具有丰富的数据储备，但是在传统经营中，数据只是被视为抽象且单一的信息来源。而数据要素化就是要让数据"活"起来，成为企业资产负债表中一项能够产生利润的资产。因此，从本质上来讲，数据要素化并不仅仅是一种对数据的更深度利用,更代表了一种根本的理念和思维革新:接受一种新要素的存在,并在制定生产经营决策的过程中时刻利用这种要素。数据要素化代表着保险与科技的结合已经从单纯的技术革新发展到了行业思维革新的新层次。

之所以要在传统保险科技的基础上着重强调数据要素化的概念,主要有宏观政策和行业发展两方面的原因。

首先,将数据视为生产要素是党中央和政府的重要决策。党的十九届四中全会通过的《中共中央关于坚持和完善中国特色社会主义制度推进国家治理体系和治理能力现代化若干重大问题的决定》中提出:"健全劳动、资本、土地、知识、技术、管理、数据等生产要素由市场评价贡献、按贡献决定报酬的机制。"中共中央、国务院发布的《关于构建更加完善的要素市场化配置体制机制的意见》也将数据与土地、资本、劳动力、技术等并列为五大生产要素。因此,从整体经济来看,数据作为生产要素参与到社会和经济发展中已经是大势所趋。

其次,具体到保险行业来看,一方面,经历了较长时间的发展,保险科技已经逐渐成为一种被行业与大众认可和接受的发展模式,而数据的要素化与保险科技的发展是相辅相成的,前者是后者最重要的结果和表现形式,同时也是后者与保险行业联系更加紧密的"黏合剂";另一方面,我国保险行业的发展已经日益成熟,各类业务的市场也逐渐面临饱和,日趋激烈的竞争环境决定了各家保险公司必须从提高内力的角度去寻找新的发展机会,而将数据作为要素投入生产过程,是一种全新的发展理念,也是从根本上提高自身动能的一种良好尝试。

那么,数据要素化作为保险与科技结合的新层次,将对保险行业产生哪些更深入的影响呢？

首先，数据成为与劳动、资本、知识等并列的生产要素，这就意味着它将与其他要素一样，从多个角度影响企业的资产负债表。因此，企业经营管理者应该转变经营和决策理念，在每一个生产环节，都应该将数据与资本、劳动等放在同等的决策位置。在发展初期，为了快速获得新的发展优势、抓住发展契机，更应该把数据放在比其他要素更重要的位置上来进行决策。比如说，从成本消耗的角度来看，数据的集中能够更加准确地开发产品、精准营销、快速定损，并对一些环节进行智能化升级，这对于成本的控制是非常有利的。从这个角度来说，数据虽然不会直接作为成本项进入资产负债表，却可以间接地降低其他项目成本。而从资产定价的角度来看，数据作为能够产生利润的虚拟资产，应该在合理定价以后被纳入资产负债表。尽管因为数据的确权和定价问题，这一步目前还比较难以实现，但在经营过程中应该提前树立起相关的决策理念，及时进行风险的评估。

其次，数据成为生产要素，意味着企业发展的相对优势会发生变化，行业格局也会发生改变。虽然保险业一直是数据集中型行业，但传统保险企业很少把数据放在非常基础和重要的位置上，而是将更多的精力放在产品和营销等环节上。与之相比，一些科技企业在数据规模和数据的利用度方面都具有非常大的竞争优势，当这类企业进入保险行业时，将对传统的保险市场格局产生非常大的冲击。我们应该从正、反两面来看待这一问题。从正面来讲，新的入局者将会激发传统企业的发展活力，进而提高整体市场的发展效率；但从反面来讲，原本就具有数据优势的科技企业，在进入保险行业后，会利用新的客户资源进一步累积更多的数据,如此循环,就会产生资源过度集中甚至数据垄断的问题。无论是正面还是反面,不可否认的是,当数据成为生产要素时,新的入局者会带来新的市场态势,并不可避免地给整个保险行业带来变化。

最后,数据作为一种特殊的要素和资产,具有非竞争性的特征,这一特征决定了它可以同时被多个主体所使用,也决定了它可以在不同主体间进行流动而不损害其价值。因此,当数据成为各家公司都重视的一种资产时,它在不同行业、不同主体、不同市场间的流动就不可避免,从而将保险市场与其他市场更加广泛和紧密地联系在一起,保险行业的系统重要性也随之提升。这一方面为保险业提供了与其他行业更多进行交流的机会,能够获得更丰富的资源;另一方面也对监管提出了更高的要求。目前我国乃至全世界的保险监管政策在保险业的系统重要性方面都着力不多,面对数据要素化带来的"万物互联"时代,这一空缺必须尽快弥补,而这至少需要以下两个方面的合作:一是保险监管机构与其他行业监管机构的合作,包括其他金融监管机构、信息监管机构等;二是不同国家之间的监管合作,面对数据要素化带来的各项挑战,各国应该加强沟通,逐步建立起较为统一的数据要素大市场,并制定出合理有效的监管举措。

总结以上分析,数据要素化代表了一种全新的发展思维,会对保险市场产生更深层次的影响,改变原有的市场竞争格局。要想在行业格局重塑的节点抓住发展先机,就必须要从企业和管理者自身出发,改变固有的发展模式,对数据要素产生清晰而明确的认知,并充分而高效地发挥其应有的价值。

巨灾管理体系中保险的作用

艾美彤

2021-08-13

重大事故或自然灾害的发生会造成巨大的财产损失和严重的人员伤亡。以河南特大暴雨为例,截至2021年8月2日,已造成302人死亡,50人失踪,1453.16万人受灾,农作物受灾面积高达1635.6万亩。2021年7月22日,为支持防汛救灾工作,银保监会发布通知,要求银行保险机构"保障金融基础服务畅通""推出防汛救灾专属金融服务""全力做好保险理赔服务"。随后,为应对第6号台风"烟花",平安产险、中国人寿、太平人寿等险企积极响应,启动重大事件应急处理预案、开通绿色服务通道……通过一系列措施来发挥保险作为经济"减震器"和社会"稳定器"的作用。面对巨灾所造成的损失,保险业所承担的理赔能够有效帮助灾后的重建与修复,有效填补损失,并减轻财政负担。从全球的角度看,全球再保险巨头慕尼黑再保险公司发布的报告显示,2020年全球自然灾害造成的损失约为2100亿美元,其中保险损失约为820亿美元。

保险在巨灾风险管理体系中的应用

保险可以通过其成熟的风险管理体系和手段,在事前对风险进行预防并对资源进行有效配置,也能够在事后第一时间查勘定损、为灾中救援和灾后重建提供资金保障。中国幅员辽阔,面临的自然灾害风险种类繁多,通过保险的手段进行巨灾风险管理变得尤为重要。2006年,《国务院关于保险业改革发展的若干意见》(国发〔2006〕23号)提出"建立国家财政支持的巨灾风险保险体系",将保险纳入巨灾风险管理体系。2017年,《中共中央 国务院关于推进防灾减灾救灾体制机制改革的意见》(中发〔2016〕35号)要求"完善应对灾害的金融支持体系""鼓励各地结合灾害风险特点,探索巨灾风险有效保障模式"。广东、浙江、云南、四川、黑龙江等地相继开展巨灾保险试点,取得了一定的巨灾风险管理成效。但是在试点运营过程中,仍然不断暴露出新的问题和困难,如对于保费的科学厘定、试点范围较小导致风险无法有效分散等。

如何更好地发挥保险保障作用

第一,扩大巨灾保险的保障范围。新冠肺炎疫情的蔓延以及台风"烟花"的侵袭,都让保险业看到了新的风险,提升了对巨灾风险管理体系进一步健全的需求。虽然在疫情防控过程中,国内各大保险公司都积极响应,在短期内开发出大量适应本地复工复产的新型保险产品,但是整个保险行业在巨灾事件风险管理中所发挥的作用仍然有待进一步加强,亟须对相关保险产品及其技术进行储备。河南暴雨进一步暴露出我们对现行风险认知的欠缺,如地铁及地下商场所面临的风险等。因此,扩大巨灾保险保障范围的一个重要方面在于提高对风险的认知,将更多的风险纳入巨灾风险管理体系,进行防范。此外,也需要扩大保障对象的范围。自然灾害等风险频发,国家应该在地方层面进一步扩大试点范围,在更高的层面进行统筹,使更多地区能够运用保险制度来对巨灾风险进行管理与防控,在扩大保障范围的同时,更好地分散风险。

第二,加快巨灾保险的风险分散。更好地分散风险,有利于保险体系的稳健运行,也有助于保费的科学厘定。首先,巨灾保险试点的推广能够进一步实现跨地区的风险分散,加强地区间的相互救助。进一步,我们应该利用全球商业保险市场和再保险市场,提高地区间风险分散和向国际市场转移中国巨灾风险的比例,充分发挥保险市场的风险分散能力,使政府、保险公司、国内再保险公司、国际再保险公司各主体间形成有助于风险分散的良性互动。同时,从巨灾再保险的角度来看,也可以考虑将更多不同类型的险种纳入巨灾的再保险范畴,以扩大巨灾再保险的保障范围。不同区域所面临的主要风险不同,扩大保险覆盖面,有助于推动风险在更广的范围内进行分散。对于再保保障范围的扩大,也有利于降低单次巨灾对财险公司的影响,比如,河南暴雨中车辆损失严重,而巨灾再保保障几乎不涉及车辆损失保险,使得暴雨中车辆大部分的损失都由各财产保险公司承担。

第三,对巨灾保险产品的开发与创新。在健全现行巨灾风险管理体系的基础之上,可以适当进行创新发展。比如,研究推进巨灾保险证券化,一方面,可以通过引入资本市场,加强现有巨灾风险管理体系的风险分散,提升风险抵御能力;另一方面,也可以为证券投资者提供新的投资选择。再如,进一步研究设计合理的巨灾指数保险。以指数保险较高的运行效率降低灾后由于查勘定损所造成的成本。但是,对于创新产品的设计仍然要考虑到巨灾风险本身的特性,并结合地区发展的实际情况。

第四,政府积极引导与财政补贴。巨灾具有风险低频高损的特性,人们往往仅愿意为自身的个体风险付费,而保险公司却需要考虑由个体风险之间的相关性所带来的巨灾风险,从而导致保险定价偏高,个人不愿意负担。因此,政府与市场相互补充格局的构建,还需要政府介入提供额外的风险保障,即通过税收或者社会保险费征缴,增加全社会巨灾风险转移开支,强制每个个体承担部分巨灾损失,解决巨灾保险市场供给失衡的问题。进一步,政府可以通过公共财政补贴巨灾高发地区的低收入居民而非无差异地补贴巨灾保险保费,来实现保险行业的可持续发展。此外,政府应当以法律形式明确巨灾保险的保障范围、财税支持政策、专项准备金制度等以进一步完善和健全巨灾保险体系,并提供巨灾(再)保险以进一步完善巨灾全面风险管理体系。政府也应当积极引导建立巨灾风险管理数据库,加大数据统计与共享的力度,以获得更为准确的定价模型,合理厘定费率,使保险机制在巨灾风险管理体系中发挥更加稳定和重要的作用。

科技赋能保险：场景应用与行业影响

朱南军

2021-08-20

随着新技术的不断进步，科技赋能也成为社会经济生活中出现的高频词汇。人工智能、云计算、大数据、区块链等新兴技术的发展，已成为各个行业数字化升级转型与进步的关键技术基础。随着技术的进步，保险行业也开始逐步通过科技赋能，以提高保险机构服务能力为目标，实现定价服务精准化、服务保障定制化、营销环境场景化和风险控制有效化，为推动行业实现升级转型和更高质量的发展奠定坚实的基础。

在保险行业转型发展的关键时期,相关政策不断发布,为保险行业的转型指明方向并保驾护航,也为科技赋能保险带来了新的机遇。2019年8月,中国人民银行发布《金融科技(FinTech)发展规划(2019—2021年)》,标志着我国金融科技顶层设计出台,指明了未来的金融保险行业将迈入与科技融合发展的新阶段。2020年1月,银保监会下发《中国银保监会关于推动银行业和保险业高质量发展的指导意见》(银保监发〔2019〕52号),再次明确鼓励保险机构创新发展科技保险、注重科技赋能保险的整体态度。2020年5月,银保监会下发《关于推进财产保险业务线上化发展的指导意见》,从制度层面鼓励保险公司转型线上化,有利于行业更加坚定地推进科技转型。2020年8月,银保监会进一步下发《推动财产保险业高质量发展三年行动方案(2020—2022年)》(银保监办发〔2020〕68号),再次提出支持财产保险公司制定数字化转型战略,加大科技投入和智力支持,打造具备科技赋能优势的现代保险企业。

在技术进步驱动与政策鼓励推动下,保险行业不断将大数据与人工智能、云计算、区块链、5G等技术运用到公司经营管理的各个场景中。通过科技赋能,提升业务拓展、运营管理效能,提高核心能力创新水平,在渠道、产品、服务、风控、生态等方面加速迭代,重塑竞争优势,以期实现高质量发展。目前来看,科技赋能保险的场景应用与行业影响主要体现在以下几个方面:

一是大数据+人工智能方面。保险公司基于用户数据进行大数据分析,获取反映单位个体风险特征的多维度数据,并与传统保险承保理赔数据融合,从而为客户提供有针对性的保险产品,同时也提升了保险公司对产品的议价能力。人工智能的核心则是解放人力、实现保险业务的线上化。人工智能提升了保险行业核心环节的智能化水平。保险企业基于机器学习技术，对客户数据进行分析，精准定位客户需求，搭建出智能化的算法模型，从而优化企业成本，改善盈利水平。当前保险行业从前端的销售到后台的客户服务数据和人工智能都已经实现了场景的落地。从销售端的角度来看，数字化广告的出现就是最典型的例子之一。基于终端用户的互联网行为大数据，保险公司将在流量平台上选取的目标人群作为相应标签，以较低成本实现保险产品的精确投放。在承保定价端，车险公司通过引入"从人因子"来辅助原来基于"从车因子"的定价模型，更精准地识别出险概率。

二是云计算方面。云计算在保险行业主要应用于保险公司底层系统的升级以及与战略层面的有效贯通。通过对海量高频数据的存储、计算与分析，在产品研发上促进了以客户为导向的产品开发，提高了效率。基于客户数据的整合、配置、运营，实现更加精准的智能化业务运营。云计算技术进一步加速了传统保险企业的信息技术架构向互联网架构的演化进程，实现了保险行业与移动互联网的融合。从操作层面看，"场景保险"业务的塑造，将促使保险公司从战略层面一直贯通到技术底层，有效完成新业务场景的搭建。

三是区块链方面。区块链技术被视为继互联网技术之后又一次新的技术变革，将对未来社会经济的发展产生深远的影响。区块链的应用主要体现在，在数据传输过程中应用加密技术，一方面可以确保用户数据安全，另一方面实现了机构间的数据共享。区块链技术的出现将会使产品设计、定价、理赔等环节的工作环境、工作模式与工作流程发生改变。例如,区块链技术实现了数据与企业分离,保证客户在更换保险公司场景下的数据连续性,也有利于帮助企业识别重复投保的情况,杜绝骗保事件,大大提升了效率。又如,区块链技术贯穿了承保、保费缴纳、赔款支付以及再保险等全部业务流程,在实现财务结算效率提高的同时,有效保证结算的准确性。

通过科技赋能保险,实现"技术+行业"的深度融合,将深刻影响保险行业从产品设计到核保理赔等众多领域,给传统保险业带来革命性的影响。一方面,通过数字化运营降低保险公司的综合成本率,助力保险公司降本增效,实现客户的有效触达,增强与客户的交互,通过创新的产品及服务覆盖更广泛的客户群体;另一方面,为打造保险行业未来新的生态体系奠定技术基础。科技赋能最终将实现保险发展进程中的又一次历史性转型。

气候变化背景下我国巨灾保险面临的挑战

刘新立

2021-09-10

全球气候变化已从几十年前的争议转变为不争的事实,并且对人们生产和生活的影响日益显著。2021年8月9日,政府间气候变化专门委员会(IPCC)举行新闻发布会,正式发布了IPCC第六次评估报告第一工作组报告——《气候变化2021:自然科学基础》。这一报告由世界各国的234位学者通过对1.4万余篇文献进行综合评估,结合最新的数据、翔实的证据、多元的方法提供了有关全球和主要区域当前气候变化状态、气候变化归因、未来气候变化趋势的评估结论,为加强风险管理和区域适应、控制气候变化提供了重要的科学基础。

报告指出,人类活动影响已造成大气、海洋和陆地变暖,导致大气圈、海洋、冰冻圈和生物圈发生了广泛而迅速的变化。令人担忧的是,当前气候变化出现在整个气候系统的尺度上,气候系统许多层面的当前状态在过去几个世纪甚至几千年以来均是前所未有的。气候系统的许多变化与全球变暖的加剧直接相关,此类变化包括极端高温、海洋热浪、强降水以及部分区域干旱的频率和强度提高,强热带气旋比例的提高,以及北极海冰、积雪和多年冻土的减少。

这一严峻的形势使保险业面临一定的挑战,尤其财产与责任保险类别中的大多数险种,包括车险、企财险、家财险、工程险、运输险、农险等,均包含一定的气象灾害风险保障,深圳、宁波、广东、黑龙江等地相继开展的巨灾保险试点,也是针对气象灾害的,因此一旦发生超预期的灾害,财险公司将面临较大压力。2021年,特大暴雨使得河南省多地受灾严重,截至8月25日,河南保险业共接到理赔报案51.32万件,初步估损124.04亿元。虽然和一些发达国家保险赔付一般占自然灾害全部经济损失30%左右的比例相比还有差距,但此次灾害的理赔金额已经远远超过2008年汶川大地震、2012年北京暴雨以及2019年台风利奇马的赔付。在估损数据中还有一个细节值得关注,即超过百亿元的金额中,车险估损占据非常大的比重。这一方面说明,由于2020年9月19日以后车险改革,涉水险并入车损险当中,更多只投保了车损险的车主也能得到赔付;另一方面,面对如此大的暴雨洪涝灾害,众多家庭财产、企业生产的风险保障还需加强。作为以管理风险为主业的行业,保险业在风险规律发生一定变化的情况下,更应未雨绸缪,勇担重任,通过积极创新与试点,加大巨灾保险产品的开发,增加风险保障品种、丰富风险补偿层次、创新风险赔付机制、拓宽风险分散模式,以此顺应气候变化的趋势。

首先,在增加风险保障品种方面,除现有的地震保险之外,应积极探索台风保险、洪水保险等,使得极端事件发生时,受灾人员和财产的损失可以得到补偿。我国的灾后损失补偿与重建资金很大一部分来自财政,但面对不确定的巨灾风险,财政资金补偿方法有一定局限性。如果要维持财政的稳定预算,那么巨灾发生后,来自财政的救灾资金可能远远满足不了损失补偿和重建工作的需要;而如果以一定程度的救灾与恢复生产为目标,又会造成财政支出的波动性。众多研究表明,在风险领域,保险是重要的"缓冲器"和"稳定器",它通过大数定律的机理,通过某种保险产品,将未来的不确定性支出转化为当前的确定性支出。

其次,在丰富风险保障层次方面,我国目前传统的涵盖自然灾害风险的产品,投保人都是自然人或法人,未来可以推进投保人为政府的巨灾保险产品。例如,深圳市巨灾保险的投保人即为深圳市应急管理局,受益人为灾害救助保障对象,其目的是通过巨灾保险的保险赔付,对因台风、洪涝、地震等自然灾害导致的受灾人员实施一定的资金救助及物资帮助。这类产品不仅可以有效地将财政支出稳定化,平滑因灾导致的政府救灾支出大幅波动,还可以使灾害救助资金在一定程度上得到有效保证。

再次，在创新风险赔付机制方面，在损失补偿型产品之外，可加大指数型保险产品的开发。指数型保险产品的赔付完全由灾害指数及赔付规则决定，一旦灾害强度达到事先约定的阈值，保险赔付即被触发，简单快速。保险公司可以省去逐个标的查勘、定损的工作，相应节约大量成本，较为适合具有系统性特点的巨灾风险赔付。需要注意的是，如果灾害指数及赔付规则不能很好地表征个体标的的实际损失，则赔付与损失之间就会存在差异，即基差风险。

最后，在拓宽风险分散模式方面，因为巨灾风险影响的系统性以及强度巨大的特点，它并不是完全意义上的理想可保风险，在风险分散模式上，还需采取创新型方式，具体到产品设计环节，可以加大多年期保险等产品的研究，还可以试点多灾因产品，在时间维度和风险类型维度方面多元化，拓宽风险分散模式。

此外，巨灾保险的创新离不开精算的平衡，应加大对气候变化影响的风险评估。IPCC 的报告得出结论：持续的全球变暖预计将进一步加强全球水循环，包括其变率、全球季风降水以及干湿事件的严重程度。随着全球进一步变暖，各个区域预计都将经历更大的气候影响因子共同和多重变化的影响。与全球温升 1.5℃相比，全球温升 2℃时一些气候影响因子将在更广泛的区域发生变化，在更高的温升水平下其变化将愈发广泛和/或更为显著。研究指出，冰盖崩塌、海洋环流突变、部分复合型极端事件以及远高于所评估的极可能范围的变暖等低概率事件发生的可能性不能被排除，在进行风险评估时需予以考虑。此外，为了探索未来的气候效应，报告中采用了五个新的说明性排放情景来与第五次评估报告时的情况相比较,结果表明,在所有五个排放情景下,至少到 21 世纪中期,全球地表温度将继续上升。未来几十年内如果不在全球范围内进行二氧化碳和其他温室气体的大幅减排,全球温升将在 21 世纪内超过 1.5℃甚至 2℃。财产保险可以通过汇集大量保险标的,在一定时期内进行空间上的风险分散,满足大数定律的要求,而巨灾保险和大多数财产保险不同,其对于时间维度上分散的依赖性更高,这就对风险评估提出了更高的要求。

发展巨灾债券 推动巨灾保险制度建设

刘新立

2021-10-08

2021年9月17日,银保监会发布了《关于境内保险公司在香港市场发行巨灾债券有关事项的通知》(银保监办发〔2021〕102号),明确境内财产保险公司和再保险公司可以在香港地区设立特殊目的保险公司,作为特殊保险公司进行再保险登记并接受保险公司分出的巨灾风险,以及豁免评级、资本金、偿付能力等相关监管要求,通过发行巨灾债券筹集资金,转移地震、台风、洪水等自然灾害事件或突发公共卫生事件带来的巨灾风险损失。之后,由中再产险发起的巨灾债券在香港地区成功发行,该债券主要保障标的为内地台风风险,募集金额3 000万美元。这是香港地区发行的首只巨灾债券,开创了在港设立特殊目的保险公司进行巨灾风险证券化的先河。

2021年夏季,在人口大省河南发生暴雨洪灾过后,保险业预估赔偿124亿元,保障程度超过以往大灾中的保险保障比例,使人们在关注暴雨灾害损失的同时,看到了保险在风险保障中的独特作用,提高了公众的风险意识。但同时,由于巨灾风险的特殊性,如果要为自然灾害风险寻求更好的保险保障,让灾害保险在国家应急反应中发挥更大的作用,就必须促进多层次保障体系的发展,巨灾债券就是其中的重要环节。巨灾债券在应对重大灾害、保障国计民生、平滑财政收支、助力构建韧性社会方面具有重要作用。

巨灾债券的发展历史不长,1992年的飓风"安德鲁"推动了1997年巨灾债券市场的产生,之后,三个主要事件进一步促进了其增长:2005年的飓风"卡特里娜",2008年的美国金融危机以及危机后的低利率时期。巨灾债券市场的第一次重大转变发生在飓风"卡特里娜"之后,这是美国历史上损失最惨重的自然灾害。1997—2005年,巨灾债券发行量虽稳定,但一直较低,平均每年约12亿美元。飓风"卡特里娜"之前的巨灾债券发行集中于少数保险公司,在这期间,瑞士再保险和美国USAA公司发行的巨灾债券分别占总发行量的20%和17%。飓风"卡特里娜"造成的620亿美元保险损失耗尽了再保险资本并导致再保险价格上涨,此后巨灾债券成为风险分散的一种重要手段。再保险价格的飙升吸引了大量资金进入巨灾债券市场,资本流入使得巨灾债券总发行量连续两年创史上最高纪录——2006年为47亿美元,2007年为71亿美元。

然而,在2008年9月雷曼兄弟公司倒闭后的金融危机期间,巨灾债券发行量大幅下滑。投资者认为,当时巨灾债券交易的证券化结构使他们面临太大的交易对手风险。这些担忧导致2008年9月至2009年1月期间巨灾债券发行几乎完全停滞,直至开发出更安全的交易结构。雷曼兄弟倒闭后,以美国国债货币市场基金为抵押的特殊目的载体(Special Purpose Vehicle,SPV)结构成为常态,到2009年第四季度,投资者重新回到巨灾债券市场,仅2009年第四季度新增发行量就达到16亿美元。

在危机后的几年里,巨灾债券市场出现了强劲的增长,2010—2017年间,流通中的巨灾债券数量增加了一倍以上。持续的低利率环境一直是非保险业资本进入巨灾债券市场的重要驱动力。随着长期国债的收益率创下历史新低以及公司债券利差紧张,许多机构投资者都被巨灾债券提供的相对较高的收益率以及与资本市场不相关的风险所吸引。此外,巨灾债券估值、定价技术的改进使得巨灾债券发行人能够证券化更广泛的风险,机构投资者可以更轻松地评估潜在风险。

截至目前,从巨灾债券的发行来看,发行量排第一位的是Arch Capital Group,完成了15次发行,其中包括60期共70.16亿美元的巨灾债券。紧随其后的是Essent Guaranty和Radian Guaranty,分别以26.85亿美元和23.73亿美元的巨灾债券发行量位居第二和第三。然后是加州地震局(23.4亿美元)、Everest Re(23.25亿美元)、Allstate(18.75亿美元)、USAA(17.35亿美元)、National Mortgage Insurance Corporation(16.36亿美元)、Zenkoyozen(16亿美元)、Genworth Mortgage

Insurance(14.5亿美元)。另外,发行次数方面,Arch Capital Group总共发行了15次巨灾债券,可以说是巨灾债券领域最为活跃的公司。

从所发行的巨灾债券的巨灾风险标的来看,保障抵押贷款本息风险的巨灾债券占比最高,达31.8%;第二是保障美国巨灾风险的债券,其中11.7%用于保障美国组合巨灾风险,11%用于保障美国地震灾害损失,5.5%用于保障美国的飓风灾害损失,以及美国飓风带来的水灾(2.5%)、得克萨斯州多种灾害(2.1%)、佛罗里达州飓风(2%)、北卡罗来纳州多种灾害(1.5%)、佛罗里达州多种灾害(1.3%),总共占37.6%,说明美国的巨灾债券运用非常广泛;第三是国际多种灾害的部分,占总发行量的16.2%,日本为地震灾害而发行的巨灾债券占总巨灾债券发行资金量的3.4%。

除了标的风险,已发行巨灾债券的触发类型也值得关注。从已发行和流通的以巨灾债券资金为权重统计的触发类型比例可以看出,损失赔偿型触发的巨灾债券在市场中占据主要地位,总共占70.1%。然后是行业损失指数型债券,占市场的19.2%,参数型巨灾债券以3.2%的比例紧随其后,模型损失型和混合型巨灾债券相对较少,仅分别为0.8%和0.7%。由此可见,虽然巨灾债券的标准化趋势将减少损失赔偿型触发类型的应用,但是从目前市场的情况来看,损失赔偿型触发类型仍然占据市场的主要地位。

从巨灾债券各年预期平均损失和平均息票率(浮动SHIBOR和风险溢价均包括在内)来看,当年的平均损失率和平均息票率的变化具有一定的相似之处。比如,当2006年预期损失率有一个较大的增长时,当年的平均息票率从上一年的6.89%上涨到11.46%。不过平均息票率的变化幅度更大,而且并不总是随着预期损失率的变化而变化。另外,巨灾债券平均息票率相对损失率的倍数,在2001年升至7.5的顶点后有下降的趋势。这个倍数代表着投资人相对一定的风险获得补偿的程度,倍数越大,则补偿程度越高,对投资人的吸引力也就越大。不断降低的倍数也从一个角度解释了巨灾债券成功发行量在近年来有下降趋势的原因。

目前,国际保险业正致力于改善巨灾债券估值模型,以涵盖新型风险,如网络攻击风险和恐怖袭击风险等。因此,巨灾债券的市场很可能将继续增长,为发行人提供转移各种风险的新途径。我国对巨灾债券发行的推进,有助于拓宽巨灾风险分散渠道,丰富保险行业管理巨灾风险的手段,有力推动我国巨灾保险制度建设。

保险科技仍需更强创新能力

张 畅

2021-11-05

保险科技（InsurTech）是数字经济在保险业的集中表现形式，是数字化重塑传统保险销售、风险评估、定价、理赔全流程价值链的关键力量，是保险业未来转型升级和高质量发展的重要引擎及动能。

保险科技的快速发展催生了"保险科技市场"，市场参与主体可大致分为传统保险公司和保险中介公司、互联网保险公司、保险科技创业企业以及保险科技业务上下游的关联企业。特别是一些新兴的中小微保险科技企业，在各自专注的细分领域充分发挥自身在数据、计算技术、流量资源等方面的比较优势,积极服务保险消费者和保险公司,为保险消费者和保险行业创造了价值,也使独立的中小微保险科技企业成为保险科技市场和保险行业发展的重要力量之一。根据前瞻产业研究院整理的数据,2015—2019年中国保险科技行业市场规模呈现逐年增长的趋势,年复合增长率为15.1%。2019年,市场规模达到775.4亿元。

保险科技一般泛指围绕着保险行业所涉及的相关新技术和现代科技。现阶段,人工智能、大数据、云计算和区块链是保险科技领域最重要且应用最为广泛的前沿技术。而这四项技术不仅深刻影响着保险行业,还同时成为其他产业的发展引擎。单从保险市场看,用户行为的数据体量爆发式增长和数据分析处理技术日趋成熟,将持续推动以精细化定价、快速上线和新型设计理念为特点的保险产品创新,以精准描绘客户画像、丰富营销渠道和线上营销队伍为特点的营销创新,以核保技术优化、理赔自动化、智能端口建设为特点的客户服务创新,以及以人工智能应用、管理思维转变为特点的风控创新等。

虽然中国保险科技起步晚,但是近年来发展十分迅速。在经济进入高质量发展阶段,人口结构变化、金融科技方兴未艾的今天,展望保险科技未来的发展,机遇与挑战并存。

保险科技助力保险公司扩大保险范围,得以对高风险客户承保,实现保险普惠,但同时精准定价的精度需要严格把控。保险业是经营风险、依靠大数法则进行产品开发和产品营销的特殊行业,其本质是分散风险、互助共济。因此,保险本身自带普惠属性。"普惠"是指为各类市场主体和人群以合理价格、方便方式提供合理有效的保险产品和服务。然而,传统的保险公司往往出于盈利的考虑,通过风险分类进行风险管理,选择低风险高价值的群体,而将那些最需要保险保护的高风险群体拒之门外。如何让保险真正普惠,是发挥保险互助共济功能,为群众提供更可靠、更充分的保障的重要一步。保险科技的出现,通过精准的定价,对个人的风险进行精确识别,使得保险公司的覆盖范围逐渐扩大,得以对穷人承保,实现保险普惠。不过,个性化的灵魂是人性化。虽然精准定价在扩大保障范围上发挥了重要的作用,但是也不能走得太远。保险仍需要互助,保险的精准定价也需要边界。合理地运用大数据精准定价,平衡消费者福利和保险公司收入仍然在路上。

目前保险的作用更多局限在经济补偿上,未来保险科技会助力保险业更好地进行风险管理,做好预防,降低风险发生的概率。保险是现代社会风险管理的基本手段,是国家和社会治理体系的重要组成部分,也是提升国家和社会治理能力的重要工具。对于个人来说,无论何种风险发生,保险更能做到的是经济上的补偿,如果可以在风险发生前预防,才是其真正的意义所在。目前,很多保险只是将财务集合起来并予以再分配;未来,保险科技助力保险发展将致力于提高对客户的服务能力,通过对整个群体的风险管理,做减量保险,降低风险暴露。例如在医疗保险行业,健康咨询、就医绿色通道、在线药房、锻炼抵费等线上互动方式正渐渐进入人们的视野。

保险科技需以客户为中心,以数据为维度,才能充分发挥数据优势,降低销售成本,提高服务水平。从经济学的角度看,保险是一种集合大量同质风险单位以分摊损失的经济制度。因此，保险本身就是建立在大数定律基础上的，数据即可能，而客户则是大数的基础。科技帮助保险业整合多方资源，延伸保险服务，便利、高效地与客户交互，扩大用户基数。从线上购买保险的客户，被大数据判断为"经常上网"；从银行渠道购买保险的客户，被大数据认为金融参与度高。这样，通过大数据了解客户群，按需提供后期服务，能增加客户的黏性。

保险科技仍需更强的创新能力，并将创新定位在保险业的产品线上，例如产品设计等过程。虽然保险科技发展迅猛，但总体来说创新能力和产品服务还不是很强，经营模式创新的可持续性还没有得到验证。例如在健康领域，保险科技依然没有超越"高成本魔咒"，百万医疗险由于成本太高，赔付比成本高很多，仍然没有好的效果。相比于健康保险，保险科技在人寿保险领域的探索还不够充分，然而在人口老龄化背景下，人寿保险相比健康保险更具有发展潜力。此外，保险科技目前的定位仍然在于"赋能"，即作为保险生产线上的附加品，要么赚取费用，类似于一家信息公司；要么赚取佣金，类似于一家外包公司，因此在投资者眼中还没有高的估值。未来，保险科技的落脚点应该在生产线上，找到自己的价值。

随着保险与互联网科技的联系日渐紧密，保险科技也从金融科技的学科讨论范围内独立出来，成为理论界和实务界共同关注的重要话题。未来，保险科技的应用将通过扩大保险保障范围、帮助客户管理风险、提升客户服务能力而不断创新，驱动保险业务持续高速增长。

CCISSR 政策与监管

银行保险业公司治理的良好开端[1]

郑 伟

2021-01-22

公司治理决定金融机构的先天基因和持久特质,公司治理监管是金融监管的一项核心任务。近年来,国家对推进金融业公司治理改革做出一系列重大决策和科学部署,银保监会紧紧把握公司治理监管在银行保险业监管中的核心定位,以"公司治理监管评估"为抓手,在构建中国特色银行保险业公司治理机制的道路上迈出了坚实的步伐,拥有了良好的开端。

---

[1] 腾讯网,2021年1月22日。

银行保险机构公司治理监管评估具有标志性意义

近日,银保监会发布了银行保险机构公司治理监管评估总体情况,这在我国银行保险业监管历史上具有标志性意义,主要表现在以下三个方面:

第一,首次评估。过去一年多,我国银行保险业监管历史上首次公司治理监管评估工作稳步推进。2019 年 11 月,银保监会发布《银行保险机构公司治理监管评估办法(试行)》(以下简称《评估办法》);2020 年 1 月,根据《评估办法》,银行保险机构公司治理监管评估工作正式启动;2021 年 1 月,银保监会发布银行保险机构公司治理监管评估总体情况,标志着银行保险监管历史上首次公司治理监管评估工作顺利完成,具有重要意义。

第二,全面覆盖。此次公司治理监管评估是基本实现全面覆盖的评估,具体表现在两个方面:一是评估对象全覆盖,此次评估对银行保险机构基本实现全覆盖,涉及机构包括国有大型商业银行、股份制商业银行、城市商业银行、民营银行、农村商业银行、外资银行、保险集团(控股)公司、保险公司、相互保险社及自保公司。二是评估内容全覆盖,此次评估对公司治理监管内容基本实现全覆盖,包括党的领导、股东治理、董事会治理、监事会和高管层治理、风险内控、关联交易治理、市场约束、其他利益相关者治理等方面;评估维度包括合规性评价、有效性评价和重大事项调降评级等方面,也具有全面覆盖的特点。

第三,系统推进。此次公司治理监管评估不是一个孤零零的评估,而是作为一项系统工作在整体推进,具体表现在三个方面:一是评估流程系统化。除了核心的监管评估,在监管评估之前有机构自评,在监管评估之后有结果反馈、督促整改等环节。二是评估结果与运用相关联。银保监会将公司治理监管评估结果作为监管部门配置监管资源、采取监管措施和行动的重要依据,并在市场准入、现场检查立项、监管评级、监管通报等环节加强运用。三是评估具有时间连续性。监管评估不是只开展这一次,而是一项长期制度性安排,计划每年开展一次,并且每次监管评估一方面主要评估上一年度公司治理状况,另一方面可结合实际适当向前追溯或向后延伸,呈现时间连续性的特点。

构建银行保险业公司治理机制迈出坚实步伐

近年来,国家对推进金融业公司治理改革有很高的要求,在党中央和国务院的部署与指导下,银保监会从组建之初就一直高度重视构建中国特色银行保险业公司治理机制,相关工作迈出了坚实步伐。2018年3月,国务院机构改革方案将银监会和保监会职责整合,组建成立银保监会。两家机构整合成一家机构,精简合并是大原则,新设部门非常慎重。在这样的背景下,银保监会还新设立了公司治理监管部,专司公司治理监管功能,公司治理监管在银行保险业监管中的核心定位可见一斑。

此后,2018年4月,银保监会召开的首次重要行业会议就是中小银行和保险公司公司治理培训座谈会;2019年11月,银保监会印发《评估办法》;2020年1月,首次银行保险机构公司治理监管评估正式启动;2020年7月,银保监会主要领导在媒体公开发表有关公司治理主题的署名文章;2020年8月,银保监会印发《健全银行业保险业公司治理三年行动方案(2020—2022年)》(银保监发〔2020〕40号);2021年1月,首次公司治理监管评估总体情况对外发布。三年时间轴上的一系列工作充分表明,深化银行保险业公司治理改革工作正在蹄疾步稳地往前推进。

随着监管机构持续推进银行保险业公司治理改革,银行保险机构越来越重视公司治理工作,从监管机构向银行保险机构的压力传导机制逐渐畅通。在各方的共同努力下,银行保险业公司治理工作取得了积极的成效,主要表现在:银行保险机构逐步形成由国有股东、机构投资者和社会公众共同持股的多元化股权结构,普遍建立以"三会一层"为主体的公司治理组织架构,董事会建设等公司治理运作机制趋向规范,基本树立资本约束的现代经营理念,初步建立"三道防线"运行模式和全面风险管理体系。应当说,构建中国特色银行保险业公司治理机制拥有了一个良好的开端。

健全银行保险业公司治理仍面临严峻挑战

健全银行保险业公司治理是一项长期艰苦的工作,不可能一蹴而就。虽然我国银行保险业公司治理工作近年来取得了长足进展,但由于这项工作起步较晚,基础薄弱,同时受体制机制、文化传统等多方面因素制约,我国银行保险业公司治理由"形似"到"神至",公司治理监管由"形式规范"到"治理实效",真正实现"率先落实《二十国集团/经合组织公司治理原则》",构建起健全的中国特色银行保险业公司治理机制,仍面临诸多严峻的挑战。

在未来银行保险业公司治理工作中,应当关注并处理好几组关系:一是在国际经验与本国国情方面,需要注意中国的公司治理组织架构既不是国际上的"单层制"架构,也不是国际上的"双层制"架构,因此在落实《二十国集团/经合组织公司治理原则》的过程中,需要处理好遵循国际经验与立足本国国情的关系。二是在"三会一层"组织架构中,处理好股东大会、董事会、监事会和高管层之间的关系,尤其处理好提升董事会履职有效性、做实监事会功能与对高管层进行激励和约束之间的关系。三是在股权和股东管理方面,处理好保护股东权利与防止股东权利滥用的关系,处理好大股东与中小股东的关系,处理好股东权益保护与利益相关者权益保护的关系。四是在内外约束方面,处理好机构内部治理与政府外部监管的关系,处理好机构内部约束与外部市场约束的关系。

网络互助医疗平台的风险与对策

姚奕

2021-02-19

互助组织历史悠久,在欧洲曾一度非常兴盛。例如,16世纪荷兰的行会(guilds)为成员提供包括疾病、养老、丧葬等在内的一系列保障;19世纪英国的友谊会则为福利国家的构建打下了基础。友谊会也称兄弟会,是一种近代的民间互助组织,会员通过定期缴纳会费的模式来保证成员在遭受风险事件(如死亡、失业、疾病、生育、养老金不足)时,向协会申请救济并获得经济援助。其会员主要是产业工人,他们的收入有限,个体抗风险能力弱。协会运营秉持"人人为我,我为人人"的平等互助精神。

互助精神互联网化

随着互联网和智能手机在我国迅速发展与普及,基于新一代的技术革命和人们社交、购物方式的更新迭代,传统的互助组织在网络平台上焕发了新生。2011年,抗癌公社(现名"康爱公社")的建立开网络大病互助医疗之先河,它继承了传统互助精神,并用互联网的方式创新性地为癌症患者筹措医疗费用,为这一传统上被商业医疗保险拒之门外的群体提供保障。

2016年,各大互联网平台大举进入网络互助领域,平台基于母公司网络平台庞大的用户群体,互助会员屡创新高。针对某平台的会员调研显示,80%的会员年收入低于10万元,68%的会员没有商业保险。成员中一半来自三线以下城市,农村和县城成员比例超过三成。由此可见,互助医疗平台在一定程度上填补了针对中低收入人群健康保障的空白。

我国社会医疗保险秉承"广覆盖、适度保障"的原则,为城乡居民提供了基础医疗保障,具有其适用性。但客观而言,随着医疗技术的不断进步以及医疗费用的普遍上涨,社会医疗保险的保障程度总体偏低。此外,社会保险受制于医保三目录的范围限制,人们在罹患大病时,为了获得更好的治疗效果,很多项目需要自费,导致社保的实际保障程度更低。针对大病和高额医疗费用的客观需求催发了近年来商业健康保险的迅猛发展——在过去10年,我国商业健康保险市场的规模扩大了10倍,几乎保持了每年20%以上的增速,成为人身保险中最抢眼的险种。但是,商业健康保险毕竟主要针对中高收入人群,而且对于被保险人投保时的健康水平有一定要求;相较而言,中低收入人群以及不符合商业健康保险核保条件的申请人,在医疗保障方面依旧存在很大的缺口。网络医疗互助平台应运而生,契合了这一部分人群的内在需求,也顺应了年轻人的消费习惯,在短短几年内获得了飞速发展。

伴随着市场的高速发展,一些内在问题也逐步暴露出来。网络互助平台非持牌经营且会员数量庞大,引发监管关注。2021年年初,拥有1500万会员的美团互助宣布关停,引发了业界对于网络互助医疗平台发展的担忧。虽然网络互助医疗平台有一些潜在风险,但不可否认的是,这些平台在短期内为众多用户提供了价格低廉、力度合理的保障,并实实在在为数十万发生风险事故的个人和家庭提供了其急需的资金。由于会员数量庞大,各平台实际分摊金额虽有大幅上涨,但仍属于可承受范围;并且会员拥有入会、退会自由,分摊互助金属于自由意愿表达。从这一角度来看,平台风险依旧可控,监管不宜一禁了之。

三大风险

目前网络互助医疗平台主要面临的风险包括三个:合规风险、财务风险和产品战略风险。

如果个别平台经营不善,挪用前置收费资金,甚至跑路,很可能引发监管进一步收紧,甚至关停网络平台。这是后果最严重的一类合规风险。降低合规风险,一方面倚仗平台及其母公司加强自身的内部管理,提高运营透明度;另一方面也需要监管部门在设立平台门槛方面探索经验。背靠互联网平台的互助平台通常具有较好的信用背书,实际操作中的跑路风险较低。

如果会员分摊额不断加倍上涨，引发会员的退会潮，尤其是健康会员集中退会，那么风险池会进一步恶化，并持续加剧推动会员分摊额继续上涨，引发更多健康会员退会——这类似于保险中经典的由逆向选择所引发的"死亡螺旋"。如果这一趋势无法通过新会员的加入而逆转，长期而言平台可能出现财务风险。毕竟，互助平台不同于保险，无法进行太多核保和风险定价，会员平摊赔偿金的做法从本质上需要维持一个规模稳定、结构合理的会员群体才能持续运营。降低财务风险需要平台对潜在用户和现有用户进行持续的用户教育。由于入会的便捷性，以及大多数平台进出自由零门槛的宽松性，很多用户对于互助平台的机制、属性缺乏了解，对自身的义务和未来分摊金的规模没有形成充分和正确的预期，一旦分摊额上升，而自己又没有体验到互助的好处，就很容易引发退会。持续的用户教育和用户体验是稳定会员规模、形成互助社区归属感和信任感的重要途径。不论是对于已赔付案例的宣传、信息公开，还是通过短片、模拟游戏清晰界定分摊金的概念、性质和范围，都有助于用户真正理解互助平台的机制，建立信任感、获得感和归属感。加强用户教育有利于增加用户黏性，避免"死亡螺旋"所引发的财务风险。

如果各大平台持续进行同质化产品竞争，就会加剧产品战略风险。目前，绝大部分互联网医疗平台的主打产品是将重疾险短期化，产品设计比较雷同，随着用户年龄增大，风险自然恶化并积聚，并且在这一前提下，平台只能着眼于白热化的单一规模竞争。随着会员数激增，市场日趋饱和，为了降低产品战略风险，平台需要考虑转向差异化产品竞争，并开发自己的细分市场。康爱公社之所以会员规模稳定，很大程度上得益于会员本身的黏性高,社区归属感强。最初,其会员限定为癌症患者及其家属,这也是商业保险通常不加涉足的群体。类似地,一些互助平台结合原有的特定人群和社区资源,为心智障碍群体、志愿者群体、货运司机、建筑工人等提供互助保障。很多这样的产品面对的是商业保险所认定的次标准体,可能不符合严格意义上的核保条件,但是这类人群总体而言仍属于一个健康的风险池,通过互助的方式,可以以较低的分摊金额获得合理的保障。无论是对目标人群还是产品差异化定位和设计,都有利于降低平台战略风险,促进平台长期发展。

医保基金的有效监管：侧重供给方还是需求方？

王瀚洋

2021-03-05

2021年2月19日,由国务院总理李克强签署的《医疗保障基金使用监督管理条例》(国令第735号,以下简称《条例》)正式向社会公布,自2021年5月1日起施行。《条例》对跑冒滴漏、欺诈骗保等社会医疗保险基金使用过程中的顽疾做出了明确的监管要求,为医保基金监管提供了法律保障。《条例》同时约束了供给方(定点医药机构)和需求方(患者)潜在的欺诈行为。就供给方而言,《条例》规定定点医药机构如果通过提供虚假证明材料、串通他人虚开费用单据、虚构医疗服务项目等手段,骗取医疗保障基金支出,"由医疗保障行政部门责令退回,处骗取金额2倍以上5倍以下的罚款""责令定点医药机构暂停相关责任部门6个月以上1年以下涉及医疗保障基金使用的医药服务,直至由医疗保障经办机构解除服务协议;有执业资格的,由有关主管部门依法吊销执业资格"。就需求方而言,《条例》规定个人如果通过将本人的医疗保障凭证交由他人冒名使用、重复享受医疗保障待遇等手段,骗取医疗保障基金支出或者造成医保基金损失,除退回基金支出外,"属于参保人员的,暂停其医疗费用联网结算3个月至12个月",且"还应当由医疗保障行政部门处骗取金额2倍以上5倍以下的罚款"。

供给方监管和需求方监管在医保基金使用过程中都非常必要,但有效监管的前提是围绕药品、服务项目、医用耗材、诊断、药物出入库记录等信息开展医保稽查。然而,事实上,由于医疗行业进入门槛高、医保监管部门编制匮乏,基层医保部门专业力量不足是普遍现象。即使有第三方机构协助,面对繁重庞杂的医保稽查工作,基层医保部门仍然捉襟见肘。在短期内基层医保监管力量不足这个前提下,如何才能更好地打击欺诈骗取医疗保障基金的行为呢?笔者认为,侧重供给方监管更为有效,理由如下:

首先,需求方在欺诈骗取医疗保障基金方面的动机和能力都是有限的。在能力方面,需求方的欺诈行为需要供给方的"配合",否则需求方很难独自欺诈骗取医疗保障基金。请注意,这里供给方的"配合"不等同于供需双方的合谋,只要供给方不主动识别需求方的欺诈行为,那么需求方的欺诈行为事实上就得到了供给方的"配合"。比如常见的冒名使用医保卡开药,如果定点医疗机构拒绝向非医保卡本人的需求方提供药品,需求方显然就无法欺诈。从本质上来看,需求方需要的医疗服务或药品都是由供给方提供的,需求方即使侥幸绕开供给方,比如开具虚假发票等,在医保报销环节也需要供给方核实。而在动机方面,不同于短期商业健康保险的客户,社会医疗保险参保人和医疗保障基金有长期的契约关系,参保人按时缴纳保费,医疗保障基金提供报销,参保人断缴或者退保的成本极高。这种契约的时间长度一般大于定点医疗机构和医疗保障基金的合作时长。长期契约抑制了需求方欺诈的动机,如果需求方当期欺诈,那么其在未来将承担极高的欺诈成本。

其次,相比需求方来说,供给方有更强的动机和能力来欺诈骗取医疗保障基金。一方面,供给方欺诈更容易得到卫生部门的"配合",从而提高了基层医保监管的难度。这里的"配合"定义与前文类似,即卫生部门不主动识别供给方的欺诈行为。受制于过往的制度,卫生部门和定点医疗机构有着千丝万缕的联系,有的基层卫生部门甚至直接开办医院。因此,各地频频出现卫生部门与乡镇卫生院和定点合作医疗机构合谋套取新农合资金的现象。如果缺乏卫生部门的支持,基层医保部门就很难发挥监管职能,医保基金被套用也就在所难免。另一方面,根据医疗市场经典的供给诱导需求理论,供给方有动机且有能力过度医疗,带动需求方一起欺诈。过度医疗在学界和业界都是一个很难界定的问题,由此成为欺诈骗取医疗保障基金的"重灾区"。虽然通过加强支付方式的改革可以增强医疗机构控制成本的内生动力,但从实践来看,医疗机构在一段时间内总能"挖掘"和利用现行支付方式的漏洞。因此,支付方式的改革并非抑制供给方欺诈的万能药。从国家医保局的数据来看,2019年各级医保部门共检查定点医药机构81.5万家,查处违法违规违约医药机构26.4万家,其中解除医保协议6 730家、行政处罚6 638家、移交司法机关357家。可以看出,无论是从理论角度还是实践角度,供给方欺诈都是医疗保险欺诈的重要组成部分,应当受到监管部门的高度重视。

最后,侧重供给方的监管对整体医保基金的监管也有益处。供给方的账目、购销存记录、诊疗记录等信息为反欺诈提供了一个高质量的数据库,基层医保部门在监管过程中可以借助这个数据库做到事半功倍。比如,医保部门可以通过诊疗数据总结规律,挖掘需求方的欺诈因子,从而预测需求方的欺诈行为。由此可见,在基层医保监管力量不足的情况下,侧重供给方监管会带来更好的监管效果,确保医疗保障基金合理、合法使用。

金融监管者的关键绩效指标

朱南军

2021-03-24

2021年"两会"的《政府工作报告》中,特别强调金融政策要把服务实体经济放到更加突出的位置上,处理好恢复经济与防范风险的关系,并完善金融业者的考核、评价和尽职免责制度。这为今后的金融工作指明了方向并划出了重点。这里笔者也提出一个问题:如何评价与考核金融监管者?实践领域的关键绩效指标(Key Performance Indicators,KPI)是企业管理考核的内容。如果金融监管者自身也有KPI,这个KPI应该是什么?是上市金融企业利润或市值最高？是确保市场中没有一家金融机构破产？还是金融机构业务层面的消费者投诉与诉讼比例最低？

金融监管有自己的价值取向和施政目标。以前一般认为我国金融监管的目标是维护金融体系的安全和稳定、保证金融机构审慎经营和保护金融消费者的利益。基于以上目标，不难看出以前我国金融监管中的重点是金融体系安全与消费者利益保护。如果据此建立我国金融监管者的KPI，其指标体系应该重点反映以上两方面的内容，但仅限于此又是不完备的，就当前中国经济环境而言，其不完备性主要体现在以下两个方面：

第一，缺乏评价金融服务于实体经济效率效果的KPI。目前维护金融体系的安全和稳定基本上限于金融体系内部兜圈圈，考核金融企业财务与经营安全性的指标系统而庞杂，至于金融监管是否提升了金融服务于实体经济的效率与效果，这样的评价标准是缺乏的。例如，长期以来我国中小企业尤其是中小民营企业存在融资难问题。这个问题如果在市场经济体制成熟的国家本来是一个风险定价的问题，各种风险程度的中小企业在其承担的风险水平上选取适当的融资工具与利率水平，对银行或者其他金融机构而言则是一个信用风险识别、评估与管理的问题，然而在我国因为过于强调微观金融审慎，导致中小民营企业获取银行贷款难。国有企业或国有控股企业因为国家信用背书，银行从业者不存在道德和法律风险的顾虑而更愿意为其贷款，甚至出现少数国有企业或国有控股企业从银行"批发"贷款并向社会转贷的现象，市场中出现了因为所有制差异而产生的贷款权寻租的现象，滋生出一批资金掮客与新食利阶层。对这些现象，我们出台的政策不少，但收效却不理想。因为在微观审慎经营监管下,银行自有其对应的风险偏好与选择。评价金融服务于实体经济效率效果的KPI,也许会改变银行的风险偏好与选择的基础。

第二,缺乏反映消费者利益保护内涵的KPI。消费者保护是我国金融监管的重中之重,我国的存款保险制度、投资者风险测评制度均着眼于此,甚至信托刚性兑付难以打破也与此有关。然而,履行金融产品的货币性兑付义务就是实现消费者权益保护了吗?数十年来,几乎所有的金融产品(存款、投资储蓄型保险、股票指数、基金、债券、信托),如果对其长期持有,其收益率基本上跑输了名义GDP,也跑输了居民个人收入与房价的增长。回到30年前,如果居民可以自由进行资产配置,就大类资产而言,没有任何金融资产的投资能够为居民养老提供保障,倒不如以往所谓的养儿防老和买房养老。在现今中国人口老龄化的趋势下,这个问题日趋严重,中国老百姓在养老方面没有分享中国经济高速增长的成果。金融监管者过于关注货币兑付意义上的形式安全,并没有充分、客观地考虑实质意义上的养老安全。其他类似问题还有很多,这里不再赘述。

那么,是什么在影响金融监管KPI的设计呢?那就是极端微观审慎主义。极端微观审慎主义主要体现在两个方面:一是极端追求微观金融机构主体的绝对安全,二是过度介入个体消费者权益保护。

维护金融体系的安全和稳定自然是设计金融监管KPI的重要原则。但需注意的是,维护金融体系的安全和稳定并非确保所有金融机构都不会破产退出,而是金融监管始终着眼于系统性风险。个别金融机构因为竞争力原因退出市场,既是市场机制作用的体现，也提升了金融市场的整体效率。然而，媒体与后世记录者经常采用事件描述方法，善用春秋笔法，以点带面地拿破产事件来评价金融监管工作，往往给监管者带来很大压力。确保每一家金融机构不破产成为监管者心中挥之不去的KPI，导致了微观审慎监管的极端化。值得欣慰的是，这一情况已经在最近的金融机构（如包商银行）风险处置案中有所改变。极端微观审慎主义是完美主义者的理念，在现实经济中，任何完美都是要付出成本与代价的，金融监管需要在不完美的世界中对成本和效率进行平衡与取舍。确保每一家金融机构不破产不应成为金融监管者KPI设计中必需的内容。

同时，对个体消费者权益损害的过度介入也应该从金融监管者的KPI中移除。消费者权益保护应该是金融监管者KPI的组成部分，但应限于宏观政策制定与金融机构行为规制层面，而不宜直接介入个体案件。如果金融监管着眼于微观个体权益的全力保护，貌似政治正确且道德高尚，却必将导致出现一套深入基层且系统庞杂的监管机构；或者力量不够，不得不借助于地方金融行业协会，让地方金融行业协会成为事实上的"二监管"与调解人。这都会提升金融市场运行中的隐性成本，最终仍由金融消费者买单。同时，金融监管对于被监管机构而言既是引领行业发展的管理者，又是裁判，角色不清，难以保证其介入行为的公平性。从微观层面而言，个体消费者权益受损更多地应该寻求司法救济，当金融消费者权益受到损害却又协商不成时，应该主要诉诸司法机关来保护自身权益。

最后，但凡KPI都是由人制定的，金融监管的KPI内容究竟是什么，需要社会各界的充分讨论，这种讨论本身就是社会各方博弈、实现利益均衡的过程,也有助于社会各界对此问题达成最大共识、设计出能够让金融监管者轻装上阵的KPI。同时,金融监管是对金融行业的监管,绝不是只由金融专业人士进行的监管。金融监管机构中应该有实体经济部门人士与消费者参与。例如,国家货币政策制定机构如货币政策委员会可否让更多的实体产业界人士以及消费者权益保护人士参加,而不是仅仅由政府部门、重要金融从业者以及金融学术专家组成？这样做也是使金融监管工作未来在更好的KPI指引下,有效地实现《政府工作报告》制定的经济工作目标。

"医保卡外借"是拒赔理由吗?

丁宇刚

2021-04-16

目前,在社会医疗保险中,"医保卡外借"的现象屡屡出现,由此引发的商业健康保险理赔纠纷也时常发生。很多文章(特别是营销号上的文章)和保险公司从业人员都认为,只要商业健康保险的被保险人有把医保卡借给他人开药的记录,保险公司就应当以此为由拒绝理赔。他们常用的拒赔理由主要是,"未能如实告知与外借医保卡相关的事项"和"外借医保卡属于违法行为"。

外借医保卡是骗取社会医疗保险资金的行

为,应被严令禁止,但是对于已经有外借医保卡记录的人来说,在他们购买了商业健康保险以后,保险公司在理赔时直接以"医保卡外借"为由拒赔似有不妥。

首先,未告知"医保卡外借"这一事项,不一定违反我国《保险法》中关于"如实告知"的相关规定。《保险法》第十六条规定:"订立保险合同,保险人就保险标的或者被保险人的有关情况提出询问的,投保人应当如实告知。"据此规定,投保人尽管负有法定的如实告知义务,但不需要主动告知,而是在保险公司先提出询问的情形下才需要如实回答。也就是说,在未被询问的情形下,投保人即使真的有外借医保卡的行为且未告知,也不违反如实告知义务。再进一步来说,即使投保人未将外借医保卡的行为"主动告知"保险公司,也不应当构成"恶意隐瞒"。因为恶意隐瞒是指投保人故意隐瞒保险标的的风险信息以获取不正当利益。

其次,未说明"医保卡外借"所涉及的健康告知事项,也不足以构成拒赔或解除合同的充分条件。《保险法》第十六条规定:"投保人故意或者因重大过失未履行前款规定的如实告知义务,足以影响保险人决定是否同意承保或者提高保险费率的,保险人有权解除合同。"也就是说,即使被保险人有外借医保卡的行为,且在被询问时未如实告知,但如果未如实告知的事项并不是足以影响保险人决定是否同意承保或者提高保险费率的"重要事实",保险公司也不应以"未如实告知"为由拒赔或解除合同。比如,如果被保险人把医保卡借给亲戚或朋友去药店买感冒药,这一行为并不会影响保险人决定是否同意承保或者提高保险费率,因此,保险人不能以此为由直接拒赔或解除合同。

政策与监管

再次，如果本身没有疾病的被保险人，将医保卡借给他人用于购买涉及健康告知且会影响保险人承保决定的药品（如三高药品），保险公司是否能直接以此为由直接拒赔？笔者认为也是不能的。在理赔之前，保险公司一般需要对被保险人的健康情况进行检查，以核查被保险人是否隐瞒病史。既然保险公司在理赔时对那些隐瞒了病史的被保险人能做到全方位的检查，那么，对本身无病却因疏忽或无知留下了买药或就医记录的被保险人也应该进行全面检查和核实，以证明被保险人在投保时确实未罹患可能影响承保决定的疾病。

最后，虽然"医保卡外借"这一行为违背了相关行政法规，应该得到严令禁止，但这和保险理赔是两码事，不能混为一谈。即将在2021年5月1日实施的《医疗保障基金使用监督管理条例》明确规定，将本人的医疗保障凭证交由他人冒名使用，"造成医疗保障基金损失的，责令退回；属于参保人员的，暂停其医疗费用联网结算3个月至12个月"。"医保卡外借"违反了行政规定，相关部门可以对外借医保卡的个人进行教育或行政处罚。然而，保险理赔不能因为被保险人违反了该行政规定直接拒赔，而是要依据被保险人的真实健康情况进行理赔。

综上所述，保险公司不能直接以"医保卡外借"为由拒赔，否则，这种不合理的理赔就容易造成纠纷。为了减少类似理赔纠纷、提升保险公司形象，保险理赔应当基于客观事实。针对"医保卡外借"的理赔案例，保险公司要通过被保险人的体检报告佐证、相关亲属的就医记录佐证、手术疤痕佐证、医学鉴定佐证、药店和医院的录像佐证等方法，核查清楚被保险人的真实健康情况，而不是直接根据医保卡买药和就医记录来决定是否理赔。

如果保险公司没有意愿或者能力在理赔阶段进行上述健康核实，那么就应在承保阶段主动询问被保险人有关外借医保卡的事项，而不是等到理赔的时候再以此为由拒赔。严格的承保远比不遵循客观事实的理赔更有益于保险公司的稳定经营和保险行业的健康发展。为此，保险公司在设计合同时，就应当在合同中明确包含医保卡是否外借等相关事项。此外，还需提高保险代理人的素质并严格约束其行为。为了快速展业、提高保费收入，很多保险代理人会不注重健康状况询问的环节，甚至还会误导消费者进行投保，这无疑增加了发生理赔纠纷的概率，因此，提高保险代理人的素质，对于解决"医保卡外借"的理赔纠纷也至关重要。

个人认为，外借医保卡会造成医疗保障基金损失，属于违法行为，也会给个人带来诸多麻烦，但保险公司不应直接以商业健康保险的被保险人有外借医保卡记录为由而拒赔，而是要基于客观事实进行理赔，并应当在投保时对相关事项进行询问。

当然，规范医疗保障资金的使用，并加大相应的惩罚力度，也是从根本上解决上述问题的关键。

为什么要强化保险机构大股东行为监管？

锁凌燕

2021-07-09

2021年6月17日，银保监会制定了《银行保险机构大股东行为监管办法（试行）》征求意见稿（以下简称《办法》），开始向社会公开征求意见。《办法》作为专门针对银行保险机构大股东行为的监管规定，明确了大股东的定义，划定了大股东在持股行为、治理行为与交易行为等方面的"禁区"，强化了大股东责任义务，压实了银行保险机构的主体责任。

《办法》所代表的股东行为监管，首先是完善保险机构公司治理的重要一环。公司治理监管是现代保险监管三支柱之一,也是近年来我国保险监管工作的重点。2020年,银保监会发布了《健全银行业保险业公司治理三年行动方案(2020—2022年)》(银保监发〔2020〕40号),提出要通过三年努力,初步构建起中国特色银行业保险业公司治理机制。进入2021年,相关监管制度化建设明显提速。可以说,公司治理监管制度体系从"纲"到"目"在不断健全完善,这对于提升公司治理的科学性和有效性、推动保险业实现更高质量发展具有积极意义。

其次,从行业现实发展看,在当下强化股东行为监管具有明确的问题导向和针对性,这既是强化监管的目标所向,也是提升监管实效的重要途径。《办法》明确要求大股东应"科学布局对银行保险机构的投资,确保投资行为与自身资本规模、持续出资能力、经营管理水平相适应",规定股权质押比例超过50%的大股东不得行使表决权,禁止银行保险机构购买大股东非公开发行的债券或为其提供担保、与大股东直接或间接交叉持股等,就是针对市场上一些大股东通过各种嵌套交易、股权代持等方式,突破监管防线的"灰色"行为"立规",画出明确的监管红线,引导并促使大股东注重长期投资和价值投资,有效规避其短期化行为。如果说国际成熟市场公司治理的重点是解决所有权与控制权分离条件下的"委托-代理问题",在当前中国保险市场中,公司治理的完善还需要解决大股东和中小股东之间的控制权与剩余索取权配置失衡问题,对大股东的行为进行规范便是题中应有之义。

最后,从行业前瞻角度看,股东行为监管对于保险机构文化的塑造具有基础性意义。保险机构在经营运作中形成的"文化"

受到公司治理安排和各种要素行为特征的广泛影响,其中包括关键行为人的背景、专业经验和其他预先存在的信念及态度的影响。过去我们对关键行为人的规范和监管,主要涉及对董事、监事和高级管理人员资质的审查,现在正在强化对其履职情况的评价;而从董监高人员的选任和履职过程来看,大股东的影响力也不容忽视。《办法》除了划定行为"禁区",还要求大股东主动学习及了解监管规定和政策,配合开展关联交易动态管理,制定完善的内部工作程序等,提升专业水平、风险管控能力与合规意识;同时,要求保险机构制定大股东权利义务清单和负面行为清单,定期核实并跟踪掌握股东信息,每年对大股东开展评估并向全体股东进行通报,为利益相关方对大股东开展监督提供条件,对滥用股东权利给银行保险机构造成损失的大股东要依法追偿,这在实际上对大股东和经理人之间的权责关系进行了规范,有利于形成审慎负责的企业文化,对于保险市场的发展成熟也具有重要意义。

总体来看,《办法》及近期系列法规的出台,体现了新形势下中国特色的监管理念。中国是全球最大的新兴市场/发展中经济体,中国保险业正处于高速增长期且不成熟,新产品、新模式正在不断涌现,行业多年积累的深层次矛盾又未完全化解,保险监管也还处在不断健全完善的过程中。在这种条件下,科学监管需要更及时、更科学地捕捉个体保险人及整个保险业动态变化的风险,更需要高度关注行业主体的"行为"。从这个角度看,我们需要高度肯定《办法》的积极意义。

而着眼于未来,《办法》及其所代表的公司治理机制的完善,可能还需更重视两个方面的工作:一是优化。从现有《办法》来看,对于大股东行为性质的界定与判断本身难度较大,很多时候还需以定性判断为基础,例如在"责任义务"部分,对于"可能产生重大影响的报道或者传闻"、股东"虚假承诺"等的界定,还需结合经验不断优化、拿捏好分寸。二是协同。在当前的环境下,监管改革中"限定"或"限制"的成分较多,也更受各界关注,但我们进行制度建设的目的,还是希望能够让市场主体明确预期、优化治理,提高市场自发的治理能力,借用中国古代治水的理念,不仅是防范式的"堵",还包括建设性的"疏",未来还需更重视运用市场、信用、法治等手段协同监管,更加强调激发市场主体的自我约束力,强调被监管机构的责任,强化社会监督。

提升保险机构消费者权益保护工作质效

韩笑

2021-07-23

做好消费者权益保护工作,是践行习近平总书记"以人民为中心"发展思想的具体体现。为进一步完善行为监管工具箱、督促机构落实主体责任,银保监会2021年7月5日发布了《银行保险机构消费者权益保护监管评价办法》(银保监发〔2021〕24号,以下简称《办法》),构建了一套标准统一、兼顾特色、动态调整的银行保险机构消费者权益保护监管评价体系。本文将着重从保险机构消费者权益保护角度对上述法规进行讨论。

《办法》共6章35条,包括总则、评价要素和等级、职责分工和操作流程、评价结果及运用、组织保障和工作要求、附则。其中,评价要素包括消费者权益保护"体制建设""机制与运行""操作与服务""教育宣传""纠纷化解"五项基本要素和"监督检查"一项调减要素以及24个指标。借鉴新时代"枫桥经验",《办法》通过规范流程管理强化了消费者权益保护审查,将风险控制关口前移,能够防止产品"带病"上市,促进金融机构积极开展和参与纠纷多元化解。

消费者权益无小事,保险消费者权益保护也是近年来我国保险监管工作的重点。2015年7月31日,保监会发布《中国保监会关于印发〈保险公司服务评价管理办法(试行)〉的通知》(保监发〔2015〕75号),按照财产保险和人身保险分别建立了两套保险服务评价定量指标体系。针对"销售误导"问题,保监会于2017年6月28日发布《中国保监会关于印发〈保险销售行为可回溯管理暂行办法〉的通知》(保监发〔2017〕54号),要求保险公司及中介机构在销售过程中对于关键环节通过"双录"(录音和录像)等技术手段记录和保存重要信息;同年11月,为解决"理赔难"等保险服务问题,保监会开展了2017年保险公司服务评价工作,并首次向社会公布评价结果。2019年11月1日,银保监会在一天之内连发三文,就投诉、举报、信访三方面处理办法公开征求意见;11月2日,银保监会发布了银行保险业加强消费者权益保护的顶层文件——《关于银行保险机构加强消费者权益保护工作体制机制建设的指导意见》(银保监发〔2019〕38号),从体制、机制、监管和行业自律四个方面进一步夯实消费者权益保护工作的主体责任;2020年6月22日,银保监会印发《关于规范互联网保险销售行为可回溯管理的通知》(银保监发

〔2019〕26号),加强了互联网保险销售行为的可回溯管理,切实保障了消费者知情权、自主选择权和公平交易权等基本权利。2021年6月,银保监会下发《保险销售行为可回溯管理办法(征求意见稿)》,进一步扩大了保险销售"双录"的范围。针对消费者权益保护领域的新问题和群众反映强烈的消费者权益保护乱象,2021年7月印发的《办法》规定,监管机构将根据消费者权益保护工作重点问题和开展情况制订年度评价方案,更科学、更具针对性地通过具体指标和评分细则引导保险公司提升服务质量。

从监管机制有效性角度看,《办法》强化了保险机构对自身服务质量的重视程度,减轻了监管机构的压力。面对人员管理成本较高、市场竞争日益激烈等经营压力,许多保险机构倾向于片面追求业务规模和利润增长,忽视了加强人员管理、提升服务质量,导致一些保险机构对消费者权益保护的制度建设一直处于实质缺失状态,纠纷和投诉案件不断增加,给监管机构带来较大压力。要减少销售误导、虚假宣传、捆绑搭售等违规行为,根源在于保险公司自身。根据《办法》的要求,监管机构每年都将依据服务评价体系对各保险公司进行考核,针对保险公司过去一年消费者权益保护工作方面的体制建设情况(满分10分)、消费者权益保护审查与信息披露等机制与运行情况(满分25分)、营销宣传与适当性管理等操作与服务情况(满分30分)、消费者教育宣传工作开展情况(满分10分)、纠纷化解情况(满分25分)进行打分。此外,监管机构还将根据消费者权益保护现场检查、举报调查、投诉督查、复议诉讼情况及日常舆情、重大负面事件和相关整改落实情况进行附加考核。按照"考试成绩"从高到低,保险公司将被划分为一、二、三、四级,分别表示该机构消费者权益保护工作在行业内处于领先水平、中等水平、偏下水平和落后水平。对于评级为三、四级的保险公司,监管机构将通过下发风险提示函、监管通报、责令限期整改等方式要求其强化消费者权益保护体制机制建设和执行;对于评级为四级的保险公司,监管机构还将在开办新业务、增设分支机构等方面采取措施。通过上述评价体系,保险机构提升服务质量的内在动力被激发出来,有利于监管部门从具体的保险合同纠纷事务中解脱出来,更加科学、合理地配置监管资源。

从消费者权益保护法规完备性角度看,《办法》在一定程度上弥补了金融领域消费者权益保护的空白。我国《消费者权益保护法》调整的是传统领域中一般消费者与经营者之间的法律关系,目前该法律能否适用于金融消费者尚存争议。在司法实践中大部分法院并不支持此类起诉,金融领域消费者除了向监管机构投诉,缺少合适的纠纷解决途径。此外,针对消费者权益保护的预防类监管制度亦处于缺位状态,无法实现有效的预防式管理,监管机构只有在实际发生纠纷后才能介入,耗费了消费者较多的时间和精力。《办法》虽然未给金融领域消费者提供解决矛盾纠纷的司法依据,但其通过设立评价体系和定期监督检查制度,在前端有效减少了消费类纠纷数量,弥补了现有监管体系对前端约束不足的缺陷,在监管层面实现了对消费者权益保护的全流程覆盖。此外,保险机构消费者权益保护服务质量的定期披露有助于减少保险市场上的信息不对称,能够帮助消费者做出理性决策,实现市场的"优胜劣汰",进一步促进保险行业的健康发展。

保险业是典型的服务密集型行业,要真正落实"以人民为中心"的发展理念,消费者权益保护工作无疑值得高度关注。中国是全球最大的发展中经济体,中国保险业仍处于中高速增长期,新产品、新模式正在不断涌现。《办法》的发布有助于提升我国保险行业服务质量,帮助保险公司"赢得人民信任、得到人民支持",在激烈的行业竞争中实现长期健康发展。

CCISSR 企业经营与市场环境

普惠保险何以普惠

杜霞

2021-02-26

2020年年初暴发的新冠肺炎疫情给各行各业都带来了全新的冲击,同时也带来了风险和挑战。然而,在经济下行压力增大、线下展业受阻的情况下,保险业仍然保持了较为稳定的增长。其中,健康保险业务增长势头尤为强劲——截至2020年10月,健康保险保费收入占人身保险业务保费收入的22.3%,保费收入比上年同期增长16.6%。在新冠肺炎疫情冲击下,健康保险需求侧发生重大变化,全民健康意识的提高大大激发了对健康保险等相关险种的潜在需求,这对保险产品的开发和创新也提出了更高的要求。

在此背景下,惠民保趁势而起,在不到一年的时间内覆盖全国一百多个城市,以低价、可带病投保和政府背书等优势迅速获客,成为当前健康保险市场上的一大热门产品。惠民保主要泛指健康保险中的普惠型商业补充医疗保险。从字面意思上解读,普惠型商业补充医疗保险的重点在于"普惠"二字。

首先看如何落实"普惠"之"普"。在传统商业健康保险中,逆向选择问题是造成产品不可持续的重要威胁。保险公司通过体检、健康告知、差异化定价等一系列措施严格把控风险池质量,避免不对称信息带来的风险积聚。因此,一些健康状况差或高龄的投保人会被传统商业健康保险拒之门外。而普惠型商业补充医疗保险将商业健康保险覆盖的人群进一步扩展,允许各年龄段的基本医疗保险参保人带病投保,且大多数产品采取统一定价,并统一赔付责任,仅有少部分普惠型商业补充医疗保险依据年龄段划分缴费层次,或略微下调既有病症患者的赔付比例。

其次看如何实现"普惠"之"惠"。在传统观点中,保险是一个"嫌贫爱富"的行业,展业重点在于中高收入群体,而商业保险的保费对于中低收入者来说是一笔不小的开支,也遏制了这部分人群对商业保险的有效需求。近年来,随着国家对普惠金融的大力支持,普惠理念已经深入人心,普惠保险的发展也有其必要性与合理性。普惠保险立足机会平等要求和商业可持续原则,以可负担的成本为有保险服务需求的社会各阶层和群体提供适当、有效的保险服务。这也是当前普惠型商业补充医疗保险的一大优势所在。目前,绝大部分惠民保的保费都在百元以下,仅有少部分因年龄或者保障范围不同,保费会调整至百元以上。单从保费角度来说,相比于重疾险和百万医疗保险,惠民保的保费大大降低,已经降到中低收入群体"成本可负担"的范围。

之所以能够实现"普惠",也是因为惠民保强调"补充"这一定位。《"健康中国2030"规划纲要》中明确提出,"健全以基本医疗保障为主体、其他多种形式补充保险和商业健康保险为补充的多层次医疗保障体系"。基本医疗保险主要覆盖医保目录范围内、个人自付部分之外的医疗费用,商业健康保险作为补充,对其余自费项目进行补偿或给付。而普惠型商业补充医疗保险着眼于医保目录范围内个人自付医疗费用以及特殊药品费用,将二者从保障范围上衔接起来,进一步完善多层次的医疗保障体系。具体而言,目前市场上的惠民保大多包含两个方面的保险责任:第一部分为医保目录内的医疗费用(多数限定为住院费用或包含住院前后门急诊费用),在扣除基本医疗保险赔付,且达到1万—2万元的免赔额后,赔付比例为60%—100%,最高赔付限额过百万元。第二部分为特定药品目录内15种左右的药品费用,赔付比例为60%—100%,免赔额大多为0—2万元,赔付限额同样过百万元。部分普惠型商业补充医疗保险还提供医保目录外住院费用补偿、特定病种定额给付、特殊医用耗材费用补偿等保障。由此可见,普惠型商业补充医疗保险是对目前基本医疗保险和商业健康保险保障的重要补充。

普惠型商业补充医疗保险的迅速发展不但得益于构建多层次医疗保障体系的政策背景和新冠肺炎疫情冲击的时代背景,并且在很大程度上依赖于政府部门主导或指导这一信用背书。

以广东省为例，据公开报道，目前广东省12市的14个产品中，全部由当地医疗保障局、金融工作局等政府单位主导或参与指导，大大提高了投保人对于商业保险公司的信任度。这也是普惠型商业补充医疗保险区别于其他商业健康保险的一大优势。

与此同时，按下加速键的惠民保也暴露出一些问题和乱象：

首先，保险公司急于快速进场，在产品设计上基本照猫画虎，并没有真正实现"一城一策"的产品个性化设计。普惠型商业补充医疗保险目前主要以城市为单位逐步铺开，在产品推广过程中的另一个噱头即"一城一策""专属保险"。此外，也有以省为单位落地的产品，例如"广西惠桂保""福建八闽保""湖南全民保""山西晋惠保"等。这些产品从名称上就强调属地特性，加强了投保人对地域的归属感，从而加强了对保险的认同感。然而细究其保险责任、保费厘定等内容，各区域之间大同小异。以广东省为例，大多数产品的保险责任无外乎住院费用补偿和特定高额药品费用补偿。其中，住院费用补偿部分大多限于基本医保目录内发生的费用，并且免赔额、赔付比例、赔付上限相差无几，仅有少部分会覆盖到基本医保目录之外的费用，且特定高额药品的覆盖范围和种类差异也不大。

其次，惠民保极速扩张的过程中出现了保险公司恶意压价竞争、未按规定使用报备产品或冒用政府名义虚假宣传等乱象。2020年11月21日，银保监会人身险部下发《关于规范保险公司城市定制型商业医疗保险业务的通知（征求意见稿）》，首次将此类惠民保统一定义为"城市定制型商业医疗保险"，并针对业务乱象做出规范。

惠民保的出现填补了基本医疗保障与商业健康保险保障之间的空白区域,以低保费、高保额、政府背书等优势成为健康保险市场上的后起之秀。同时,我们也应当注意在监管缺位情况下这类产品存在同质化、保险公司压价竞争等现象。普惠型商业补充医疗保险能否真正实现"普惠"、做好"补充",还需要行业、政府和监管部门的共同探索。

车险"后综改"该竞争什么？

姚奕

2021-06-11

2015年6月，商业车险费率市场化改革的第一批试点开始启动。第一轮费改经过三个批次覆盖全国，正式拉开了费改从文件构想到落地市场的大幕，接下来的二次费改、三次费改，把试点范围扩大，"核保系数"和"渠道系数"范围进一步放开，直至合二为一进行简化处理，赋予企业更多的自主定价权，也赋予企业更多的竞争维度，给消费者更多选择空间。经过六年，改革成效初步显现。我国车险市场规模已经是全球第二，但离市场做强还存在相当大的距离。

作为一名关注车险市场改革的科研人员,笔者通过对大数据的分析研究了一次费改对于消费者更换保险公司的影响。研究发现,分三个批次推进的一次费改对于消费者换保产生了积极影响,原本稳固的市场结构被搅动了。在价格变得更加自主透明后,险企有了更多可以打的牌,而消费者也获得了实实在在的折扣,增加了市场中消费者的流动,这是改革实现初衷的信号。从公司规模的异质性来看,一次费改后,前三大保险公司("老三家",即人保、平安、太平洋)的业务有所流出,转入了其他中小型保险公司。从地区层面的异质性来看,一次费改后,车险市场集中度原本较高的地区之内消费者换保显著增加。从消费者风险类型的异质性来看,一次费改后消费者换保的情况普遍增多,而低风险的消费者换保的概率更大。也就是说,一次费改在一定程度上撼动了企业、地区层面的市场势力,降低了市场集中度,增加了竞争,而这一竞争是有利于消费者尤其是低风险消费者的。他们用脚投票,做出对自己更有利的选择。

作为一名普通的车险消费者,笔者负责自己以及父母家中多辆车的投保,也亲身感受到险企在车险费改前后价格策略的连续变化。费改前,每次买车险都有琳琅满目的"赠品",从加油卡、购物卡、手机 App 给点数兑换现金,乃至留银行账户等返款,方式方法层出不穷,且数月一换,让人感觉如入云雾,不知道这次又有什么机关。想来都是"七折令"下价格管制死了,保险公司绞尽脑汁从费用上改道借名,可谓创新不断。可这样带来的后果是保费虚高、效率低下、渠道为王、管理混乱。以笔者自己数次投保的历史数据测算,各种赠品、返现的实际折价占商业车险保费的 25%—35%,这个额度相当惊人。那反过来算,假定这真是一种普遍现象和代表性数据,那估算起来车险保费虚高可达33%—50%。如果世界第二大车险市场主要是靠保费返现、送卡实现的,那么,穿着皇帝的新衣就敢沾沾自喜了吗?那全国车主再努把力,多交保费多返卡,成为全球第一大车险市场指日可待。只是这样的"好"成绩让人惴惴不安,所以车险综改势在必行。中医讲究"先泻再补""虚不受补",因此改革必须先把费用压实、保费坐实,哪怕这面临着保费规模的必然下降。这是改革的阵痛、纠错,是"泻"的一部分,而后才能够补。补什么?补上真正的竞争。

竞争不应该是在费用层面的竞争、巧立名目等方面的创新,第一个层面是价格竞争,费改放开了价格,给予了企业更大的定价权。更精确地定价是保险公司的核心竞争力之一。该降的降,该升的升,该拒的拒。商业保险不是"大锅饭"。第二个层面是服务竞争。服务竞争不应该仅仅停留在送几张洗车券、代驾券,或者多送几次油、接电、紧急救援(毕竟谁能十次八次地忘了加油充电)这些比较"皮毛"和鸡肋的服务上,而是全方位的周到、体贴、高效和宾至如归。如果有一天汽车出险,无论何时何地,车主都不需要着急上火下车吵架,不需要原地等待几个小时耽误工作,不需要自己去定损修车提车,而只需要打一个电话,就有理赔人员开车来接手后续的事情,给车主一辆服务车供其使用,直到车子修好约定时间和地点送还,一切熨帖而顺畅,相信很多车主都愿意为这样的保险服务多付钱。在快节奏的社会中,车损并不仅仅是修车的损失,还包括处理事前事后各种繁杂事项的时间成本,如果全流程的服务跟上,消费者体验得到满足,那么车险就不再是同质化的竞争,不再是代理人电话里聒噪的絮絮叨叨。最后一层的竞争是产品竞争。其实,车险产品还存在很多可以创新的方向。很多年前就听到业界对于自动驾驶、新能源汽车等硬件设施和软件升级带来的车险风险更新换代的种种讨论和"狼来了"的焦虑,但时至今日,真的看到"狼"的些许眉目了,新技术日新月异发展着,保险业却并没有动真格地推出新产品。改变总有一天要到来,人们的消费习惯、驾驶习惯、驾驶场景都在变化,以不变应万变,或者"敌不动,我不动"并非总能行得通。车险真正针对消费者的需求去开发产品,在定价、保障和服务方面做出点不同来,才是竞争中的强者、能笑到最后的赢家。

市场竞争和改革都是一个过程,但改革是非改不可的了,这样才能离一个真正强大的保险市场更近一点。

惠民保定价需要差异化吗?

王瀚洋

2021-07-16

自 2015 年 6 月 1 日深圳市推出重特大疾病补充医疗保险开始,以城市为单位,在政府指导下,支持保险公司提供补充医疗保险成为民生工程的重要组成部分。这种具有普惠型的补充医疗保险产品,一般衔接基本医保、大病保险(职工大额)及商业健康保险,兼有低保费、高保额的特点,面向当地基本医保参保人群,允许 60 岁以上或有特定既往病史的高风险人群带病投保。但由于市场不明确、缺乏精算数据等,普惠型商业补充医疗保险(业内俗称"惠民保")

在 2015 年推出之后并没有引发全国范围内的跟进。直到 2020 年 2 月,中共中央、国务院发布《关于深化医疗保障制度改革的意见》,提出建立多层次的医疗保障体系,才为惠民保的发展提供了新的契机。2020 年惠民保在全国各大中城市呈井喷之势,相关资料显示,截至 2020 年 11 月,国内已有 20 个省(区、市)60 多个惠民保项目正式上线,参与民众超过 2 000 万人。

但是低保费、高保额的运行模式存在较高的偿付风险,为了规范惠民保产品条款、防范风险,2020 年 11 月 20 日,银保监会人身险部发布《关于规范保险公司城市定制型商业医疗保险业务的通知(征求意见稿)》,提出保险公司"基于基本医保和大病保险等有关数据合理预估投保人数规模,做好保费测算和保障方案制定"。

笔者认为,监管部门对走红产品惠民保的定价做出明确要求是非常必要的,目前统一定价、定价偏低的模式有较高的风险,惠民保产品也需要根据被保险人的特征差异化定价。

目前,惠民保基本上统一定价,不会根据被保险人的既往病史和自身风险特征进行费率调整。据笔者统计,目前国内只有极少数地方的惠民保项目会依据年龄段划分缴费层次,比如湖南的"湘惠保"、宁波的"工惠保"等,而大部分惠民保则以一个较低的统一价格销售,比如济南的"齐鲁保"保费为 59 元/人/年、合肥的"合惠保"保费为 69 元/人/年。这样的定价模式存在不可忽视的风险。

理论上,当参保率较高时,比如达到 70%—80%,受益于大数法则,统一定价对保险产品的持续性基本没有影响。但是现实中,受制于民众的观念、产品自身的特征(高免赔额),惠民保的参保率并不理想。相关资料显示,杭州的"西湖益联保"参保率为 45.6%,上海的"沪惠保"参保率为 37.4%,广州的"穗岁康"参保率为 28.72%,一些城市的惠民保参保率甚至不足 10%。在参保率有限的前提下,统一定价的模式不免引发业内的担忧。

医疗保险市场具有高度信息不对称的特征,相对保险人来说,被保险人掌握了关于自身健康状况、生活习惯的信息优势,因此,高风险的个体倾向于参保或者购买更高的保额,这也就是所谓的逆向选择问题。保险人为了缓解逆向选择问题,往往会根据被保险人的自身特征(比如年龄、性别)或既往病史,进行差异化定价,在给定保额的前提下,对高风险个体收取较高的保费,而对低风险的个体收取较低的保费。比如宁波的"工惠保",50 岁及以下被保险人保费为 68 元/人/年,50 岁以上被保险人保费为 168 元/人/年,就是按照年龄进行的差异化定价。但是当保险人差异化定价的能力不受约束时,长期来看,被保险人就会面临极高的"重分类风险"(reclassification risk),任何自身特征或既往病史的变化,都会引发保费的调整。一个典型的例子就是,医疗保险的期缴保费随年龄的增长而快速上升,超过一定年龄后甚至无法续保。

由此可以看出,如果保险人差异化定价能力受到很强的约束,那么,在总体参保率有限的前提下,逆向选择问题会很严重。留在保险池中的大多是高风险个体,医疗保险将难以为继。即使保险人设置一个统一的高保费来维持,消费者福利在短期内也会面临较大的损失。反过来,如果保险人差异化定价能力基本不受约束,则虽然短期内差异化定价可以缓解逆向选择问题,维持产品运营,但是长期的重分类风险又会损害消费者的福利。由此可见,短期损失和长期损失的权衡,是监管者约束保险人差异化定价能力的关键。

惠民保需要差异化定价吗？从上面的分析可以看出,这并没有一个非黑即白的答案,需要因时制宜,调整监管要求。当下由于缺乏差异化定价,大部分惠民保通过设置高免赔额来维持项目的运营,这种做法在降低赔付率的同时,也抑制了民众的参保热情。当前惠民保报销的免赔额通常为2万元(扣除基本医疗保险报销后),而"百万医疗险"的免赔额大多为1万元,可以推测,惠民保一般住院治疗的理赔将远远少于"百万医疗险",年轻、健康状况较好的投保人在基本医疗保险报销后的医疗支出,基本上达不到惠民保的免赔额,因此也就失去了参保的热情。而参保率的受限会进一步加剧逆向选择问题,惠民保的可持续性必然受到负面冲击。为了更好地发挥惠民保的补充医疗功能,政府应该允许保险公司实施一定程度的差异化费率,限制保险公司设置过高的免赔额,不断提高惠民保的参保率。而在惠民保广覆盖且参保规模趋于稳定,逆向选择不再威胁市场的存续时,政府可以通过经验费率监管、保障期限监管等措施约束保险公司的差异化定价能力,缓解"重分类风险",维护消费者权益。

规范发展期 普惠保险需迭代升级

杜霞

2021-08-27

近来,各地针对城市定制型商业医疗保险(以下简称"惠民保")的监管规定逐步落地,惠民保从爆发式增长期进入规范发展期——各地相继在前续产品经验的基础上开发第二代、第三代惠民保产品,进一步加大保障力度,提高规范程度。2021年7月26日,北京市第三款城市定制型商业补充保险——北京普惠健康保正式上线。相较于前两类"城惠保"和"京惠保",普惠健康保的保障范围更广,承保能力、宣传力度和政府支持力度更大,保费及保险规则制定也更为规范。截至2021年8月9日,北京普惠健康保的参保人数已经突破100万,并继续稳步增长。

2020年以来,呈爆发式增长的惠民保险成为健康保险中又一现象级产品。惠民保以低保费、高保额、政府指导以及城市专属等特点受到广泛关注。据银保监会数据,仅2020年就有179个地市推出了城市定制型医疗保险项目,累计参保人数超过4 000万。但惠民保跑马圈地式的粗放型增长也引起业界和学界的质疑与讨论。在如此快节奏的发展模式下,保险公司急于扩面抢占客户资源,对产品本身的经验总结和反思不足,导致部分产品的保费制定缺乏依据,保障方案千篇一律,甚至出现冒用政府名义获取群众信任的现象。这无疑为补充商业健康保险的长远发展埋下了隐患——一旦惠民保出现理赔不足、经营中断等风险,民众的负面舆情将进一步引发对补充商业健康保险产品或商业健康保险行业的信任崩塌。

针对此行业问题,浙江省于2020年11月率先发布省级层面的指导意见(《关于促进商业补充医疗保险发展 进一步完善多层次医疗保障体系的指导意见》),对城市定制型商业补充医疗保险做出明确定义,提出"参保广覆盖""待遇可衔接"以及"商业化运作"的基本原则,从政府层面对惠民保予以大力支持,逐步引导城市商业补充医疗保险健康有序发展。2021年6月,银保监会正式下发《关于规范保险公司城市定制型商业医疗保险业务的通知》(以下简称《通知》),对保费测算和保障方案设计做出进一步规范,鼓励扩展保障范围,做好社保与商保的衔接,同时也针对惠民保前期出现的问题提出监管重点。由此,这一产品进入了规范发展期。

规范发展期的惠民保产品在保障方案设计和保费制定上更加符合当地实际需求与经济发展水平,体现"一城一策"的发展战略。例如,上海市根据基本医疗保险的基础数据测算上海市民疾病发生率,并在此基础上制定"沪惠保"的保费。考虑到上海市医疗技术与医药企业的发展水平,"沪惠保"的保障方案中包括质子、重离子治疗的医疗费用,在21种特药保障中也包括当地药企开发的创新药物。与此同时,在政府的支持和引导下,惠民保的普惠属性也进一步加强。例如,杭州"西湖益联保"定位为一种准公共性质的商业补充医疗保险,政府强调保本微利的经营原则,将最低参保率、赔付率等作为考核指标,要求赔付率达到90%以上。

尽管在政府部门的监督管理下,惠民保逐步走上规范化发展的道路,但从各地实践来看,惠民保的运行模式仍存在以下三个值得深思的重要问题:

第一,政府最优的参与方式和参与程度需通过进一步的实践检验。目前来看,政府对于惠民保的参与方式包括但不限于引导、指导或直接推动。部分地市将惠民保参保率纳入政府考核指标,鼓励运用政府资源渠道大力协助惠民保的宣传推广。相较于纯商业模式运作的产品,政府参与引导、指导或推动的惠民保产品以其公信力为背书,能够在短时间内迅速获客,形成一定规模的风险池。同时,政府在产品设计、宣传、"一站式"理赔服务等方面大大压缩商业保险公司的运营成本,使得惠民保产品在低保费的情况下仍然能够保有微利。但如果政府持续以强姿态主导惠民保市场,一方面,商业健康保险公司会对政府帮扶形成依赖性,一旦政府角色弱化,惠民保的盛况就可能只是昙花一现;另一方面,尽管《通知》明确保险公司对惠民保定制医疗保险业务负有主体责任,但是前期政府参与指导、宣传已经给民众留下"政府负责"的固有印象,后期一旦产品引发负面社会舆论,政府也很难置身事外。因此,政府要把握参与指导的程度,更多地作为数据提供者、技术服务者、部门协调者及运营监管者,为惠民保的市场化发展留有足够的运营管理空间,避免造成政府难放手的困局。

第二,保障方案中所包含的医保目录外药品清单需尽可能贴近当地实际需求。惠民保的一大特色就是专属定制:一方面体现在产品精算定价依托于医保数据,产品设计更符合当地医疗保障需求;另一方面则体现在对本地医药产业的支持上,医保目录外可报销的药品包含本地药企的产品。但是,在药品目录制定过程中,更需要考虑的是当地居民的实际医疗需求,而不仅仅是对本地医药企业的扶持。合理制定医保目录外药品清单,需要当地政府部门或行业协会牵头引导合理用药,多部门协调配合,打通医疗机构、医药企业的数据交互渠道。

第三,惠民保保本微利运营原则下的可持续性运营问题仍然值得关注。理论上,大部分惠民保产品不区分性别、年龄、职业,一律统一定价,报销范围也包括既往症患者的医疗费用(其报销比例比健康体低)。但从实践数据看,部分产品出现实际参保人平均年龄超出精算平衡假设等问题。惠民保的特性决定了这类产品会吸引大量高龄人群、带病体投保。前期参保增长率大幅上升必然夹杂着高风险人群,如果后期年轻人和健康体的参保率增长乏力,逆向选择问题将破坏风险池的稳定性,从而影响惠民保的持续运营能力。此外,在惠民保发展前期,其低价、普惠、便捷的产品特性依赖于政府的指导和支持。如果在政府角色逐步弱化之前,商业健康保险公司尚未形成独立运营普惠保险的能力,那么,在纯商业化运作情况下,商业保险公司能否坚持惠民保保本微利的原则?是否会通过价格调整等举措改变惠民保的初衷,将惠民保演化成百万医疗产品?从长期稳定发展的角度看,惠民保目前的运营模式还有待实践的进一步检验。

疫情期间旅游行业的危机应对与风险管理

姚奕 梁佳媛

2021-10-15

新冠肺炎疫情对全球经济持续造成巨大冲击,各国纷纷采取边境管制并不同程度上约束境内人员流动,甚至在特殊情况下采取居家隔离等严格措施。在此背景下,全球旅游业普遍受到打击,蒙受巨大的财务损失。

据联合国世界旅游组织发布的数据,新冠肺炎疫情导致全球旅游人数大幅减少,2020年全球旅游业收入损失1.3万亿美元,1亿至1.2亿个工作机会被裁减——2020年被认为是旅游业历史上最糟糕的年份。2020年,我国旅游业也受到极大冲击,从数据上来看,国内旅游人数同比下降52%,国内旅游收入同比下降61%。

2021年,随着国内疫情控制日渐平稳,而国外疫情持续蔓延,人们积压的出游需求亟待释放,这为国内旅游业的复苏带来了机遇。"十一"长假期间,国内出游5.15亿人次,规模恢复到疫情前同期的70%;旅游收入恢复到疫情前同期的60%。在行业逐步复苏的同时,不容忽视的是旅游业依旧是高风险行业,如何在新环境下转型发展,把风险控制在合理水平,是国内旅游业亟待探索的命题。

受现阶段疫情零星暴发以及防疫管控要求多变的影响,人们的旅游消费习惯有所转变,带来行业转型升级的契机——传统旅游团的规模下降,更多地转为周边游、郊区游等小范围循环的生活化旅游,自驾也成为更受青睐的出行方式。随着各地基础设施的升级完善和人们消费水平的提高,度假式的深度体验性旅游形式而非景点串联赶路式的旅行越来越获得人们的认可。此外,教育"双减"政策出台后,学生课业、培训负担减轻,从而催生了周末和假期以未成年人为目标客户的研学旅游、亲子游的市场需求。近郊游、乡村游、度假式旅游、亲子游等成为新态势下的朝阳产品,稳健拉动了新的旅游业态发展。

在旅游行业艰难探索的转型期,为了促进行业发展并配合疫情管控,政府、行业和企业需要共同努力。

在政府方面,主要是顶层设计、政策引导和进一步加强基础设施建设。疫情暴发以来,各级政府出台了一些具有针对性的帮扶政策。在此基础上,应进一步扩大宣传、加强落实,确保政策红利应享尽享,促进文旅小微企业增强内生动力,提高政策帮扶的精准化、有效性、时效性。地方政府机构应认真梳理扶持政策措施,组成"政策工具包"推送给企业,帮助企业充分了解普惠型税费、金融、社保、水电气等支持政策。例如,笔者所在的威海市文登区出台了《关于加快发展服务业的扶持意见》等一系列扶持政策,将重点旅游企业、文旅项目纳入本地区纾困惠企政策重点支持范围,推出"双包双促"(即发动机关事业单位干部职工和企业项目一对一)、"文旅消费活动补贴"等一揽子扶持政策,依托市民卡App发放旅游消费券,助力企业激活消费市场、拓展旅游客源市场,为企业应对疫情提供有力帮扶。同时,结合巩固脱贫成果,政府可以考虑对中西部低人口密度地区的旅游景区、重点乡村旅游企业、旅游饭店及民宿、文化产业示范园区等改造升级提供土地、规划、施工许可等各方面的政策支持。

在基础设施建设方面,道路设施、通信网络的持续建设升级十分必要。针对当前近郊游、自驾游等旅游发展趋势,威海市推出了"千里山海自驾旅游公路",配合步行绿道和自行车道,整体规划当地旅游硬件设施,由政府层面进行宣传推广,带动区域旅游市场的全面发展。全市将各区县的优质旅游资源组团整合,拉动旅游企业发展壮大。在硬件升级的同时,各地政府管理能力的"软件升级"也需要及时跟上。在自驾游成为主流,跨省防疫要求登记身份证、查验健康码等的背景下,技术和管理两个方面亟须尽快升级配合,减少不必要的拥堵,提高公路通行效率。避免打着"疫情防控至上"令牌的懒政蔓延成风,使民众的正常出行、货物的正常流通"望堵生畏"。

在旅游行业方面,应加快布局和推进产业结构升级,考虑和新技术结合的可能性。在疫情背景下,推动数字文旅产业进行深度融合,实现可持续发展。例如,公共文化场馆应改善和升级线上服务方式,开发文创产品,提供深度文化体验,增强旅游核心竞争力。旅游景区应加强精细化管理,推动游客服务功能的智能化升级,或针对中小学生的集体游览、教育需求开发虚拟现实(VR)旅游、线上教育等文旅产品,走创新的文旅融合发展道路。新兴的文旅自媒体作者有助于精准服务目标群体,满足"私人订制""小团旅游"等个性化、精致化、生活化的旅游需求,串联起"吃住行娱乐购"旅游商业链条,促进文旅产业抱团发展。行业可以研究如何促进文旅自媒体发展,助力产业转型升级。此外,旅游行业协会可牵头与保险业接洽,研究开发针对旅游企业的营业中断险的可行性,从总量上分散和化解疫情对于企业经营造成的冲击。

在旅游企业方面,疫情期间应按照国家防疫要求合理控制客流,并严格管控其他运营风险。此外,企业在转型的同时,应加强与政府、投资商、银行、媒体等的沟通,增加外援渠道。对于企业而言,产品和服务是其立足之本。旅游企业还应继续打磨差异化的旅游产品,提升服务品质,扩展多元化经营,从根本上增强抗风险能力。例如,发展研学游、亲子游、康养度假、传统文化旅游、红色文化旅游、生态旅行等产品,与学校、企事业单位合作定制专属旅行产品等,形成新的常态业务和增长点。

作为经济不断发展的人口大国,我国民众的旅游需求依旧存在很大的增长潜力。新冠肺炎疫情既是对旅游行业的重大考验,也带来了产业升级、技术融合的契机,推动旅游高质量发展以及人与自然的和谐发展。企业通过优化经营模式,提升产品和服务品质,有望在危机后抢占先机。

保险资管未来发展机遇

吴诚卓

2021-11-12

保险资管新规细则进一步明确了保险资管业务对个人投资者开放，未来保险资管将逐步走入市场，与其他资管主体同台竞技。因此，厘清当前我国保险资管机构比较优势，继而把握并发挥上述优势，对于保险公司投资端竞争力提升、承保端稳健经营等均具有重要意义。

当前我国保险公司资管业务的比较优势

首先，在资金结构方面，当前我国保险资管所管理的资金仍以系统内关联方的保险资金为主,具备资金体量大、久期长、来源相对稳定的特点。而较长的资金期限能使保险资管公司更侧重长期投资而非短期收益,更注重长期资产配置而非交易,进而塑造保险资管公司追求稳定、绝对收益而非相对收益的"基因"。可以说,得益于长期资金结构与稳定资金来源,保险资管机构善于管理"长钱"的素质是与生俱来的,相比银行、证券公司等机构,也具备更加丰富的管理长期限投资的实践经验。保险资管机构在企业年金和职业年金的市场份额均达到60%以上,显示出长期投资者对保险资管的信任与认可。

其次,在资金配置环节,保险资管机构拥有较强的大类资产配置能力与另类资产的创设及投资能力。在大类资产配置能力方面,保险资金负债成本刚性敦促保险资管机构应用大类配置思维进行资产管理,以便穿越周期、熨平波动,获取稳定、绝对收益。从投资范围来看,保险资管机构可广泛投资于银行存款、债券、基金、股票、长期股权投资、衍生品、不动产、海外投资等诸多领域,这决定了其进行全球跨地区、跨币种、跨类别和跨周期的多元化资产配置的能力,成为保险资管机构的核心竞争力之一。在另类资产的创设和投资能力方面,得益于较长的资金期限,保险资管机构在另类投资领域扮演着重要角色。据中国保险资产管理业协会数据,2006年以来,保险资金通过债权计划、股权计划、资产支持计划等方式投资实体经济超过4万亿元。保险资管机构通过另类资产创设的投资银行业务与资金委受托管理业务参与另类投资,采用发行债权投资计划、项目资产支持计划等方式投资于中长期交通、能源、养老等多领域的实体产业项目;在支持国家建设和社会经济发展、为实体提供稳定资金来源的同时获取稳健合理回报,跨周期的配置优势也进一步凸显。

最后,在风险管控环节,保险资管机构拥有稳健经营与审慎监管下的合规风控优势。作为经营风险的企业,风险管理无疑是保险业经营思想的核心,全面风险管理措施贯彻保险公司业务经营的全流程。拥有较强合规及风控意识的保险业,所经营的保险资管产品的规范性也整体较优。保险资管机构普遍保持较稳健审慎的投资策略,注重受托财产的安全性和收益的可持续性。与此同时,由于保险业的稳健经营关系到国计民生,监管部门对保险业也实行较为严格的能力监管和牌照管理。在自律和监管的双重保障下,可以看到,与其他金融产品相比,保险资管产品较少出现多层嵌套、期限错配等情况,由此体现出保险资管机构的合规经营优势。

当前我国保险资管机构的发展机遇与方向

首先,要提升服务质量、完善产品矩阵,持续拓展第三方业务。对比国际成熟的保险资管机构,我国保险资管第三方资金管理业务占比仍较低。第三方资金管理业务即管理非自有资金的所有外部资金。从国外成熟资管机构披露的数据来看,第三方资金占比多为40%—50%,德国安联、英国法通等机构甚至达到70%—80%的水平,这也反映了客户对保险资管投资能力的信任和认可。而当前我国保险资管机构第三方资金管理业务占比仅为30%左右,发展潜力和空间仍然较大。保险资管机构今后可进一步完善产品服务体系,在提升服务质量的同时进一步完善产品矩阵,努力满足不同三方投资者的差异化投资需求,为外部投资者提供与其需求相匹配的产品及服务。例如,针对中低风险承受能力的偏稳健型投资者,巩固保险资管机构在固定收益投资领域的传统优势,深入打造契合客户需求的"固收+"产品。

其次,要加快构建成熟的零售客户开发及服务体系,扩展财富管理业务。对比国际保险资管机构,我国保险资管机构对零售客户的渗透仍然刚刚起步,成长潜力巨大。从管理资金来源占比来看,国外成熟保险资管机构普遍有20%—50%的资金来自零售客户或私人客户,而我国在资管新规颁布后刚刚放开保险资管机构的财富管理业务。与此同时,保险资管机构拓展财富管理业务具有天然优势:一方面,保险业营销队伍规模庞大,能够触达并维护规模庞大的客户群体。财富管理的第一步往往是与客户理财需求的匹配,这亟须及时有效地沟通,保险业庞大的代理人团队无疑是先发优势之一。另一方面,以保障职能为基石,保险业在一定程度上具备天然的客户信任感。这些都为保险资管进军财富管理领域创造了有利条件。保险资管机构需尽快构建面向零售或个人客户的产品及服务体系,完成配套的销售渠道与人才队伍建设,逐步积累财富管理经验、提升业务竞争力。

最后,要扬长避短,提升保险资管机构的综合能力与竞争力。一方面,发挥长期资金优势,积极参与我国战略性新兴产业及优质优势产业成长过程。例如,碳中和产业是我国乃至全球长达数十年的、涉及国民经济各方面的浩大工程,是未来中长期将持续成长发展的优质产业。而当前我国在其中诸多细分领域已初具竞争优势——以清洁能源细分领域的光伏产业为例,中国光伏产业历经20年的发展,凭借规模和成本优势、工艺提升及政策支持,当前每年出口的光伏组件占全球份额的 70% 以上,已成为全球光伏制造中心。以光伏为首的新兴产业的蓬勃发展、优势积累均离不开长期资金支持,保险资管机构在其中可充分发挥规模大、久期长、稳定性高的资金优势,在提供长期稳定资金支持的同时获取稳健合理回报,实现互利共赢。另一方面,保险资管机构也应与行业内其他机构积极合作,互补短板。以银行业为例,保险业跨周期的资金配置能力与银行业的资金特性高度匹配,因此保险资管机构可为银行业输出较为成熟的大类资产配置能力。而银行则在渠道建设及数字化转型方面具有深厚积累,形成密集的零售网点与便捷的互联网渠道,在服务高净值人群方面初具成效。保险资管机构不仅要积极借助银行渠道的现有优势,在产品代销等领域与其谋求合作,更要积极学习借鉴银行较成熟的渠道建设经验,以谋求自身渠道竞争力的长期建设和提升。

数字化时代保险中介的功能与定位

孙祁祥

2021-12-03

前段时间参加一个论坛,与观众分享了一下我对保险中介产生的客观必然性、数字化时代是否还需要保险中介、新时代保险中介的功能以及定位的看法。今天,也借"北大保险评论"这个平台,进一步阐释相关的主要观点。

在现实中,一些险种,包括车险、意外伤害险等从互联网上就可以买到,但大量的保险产品,特别是寿险产品仍然是通过保险中介销售的,也即通常所说的"产销分离"模式。为什么会这样?我们可以从现代社会的分工和保险的特殊性这两个角度来认识与分析这一问题。

首先，由于社会分工的细化，人们不可能通晓所有的事情，因此在许多领域，人们需要聘请具有专业知识和技能的人来完成一些专业活动，这就是所谓的"由专业的人来做专业的事"。作为保险公司代表的保险代理人、作为投保人代表的保险经纪人和处于第三方地位的保险公估人正是顺应这种社会分工的细化而发展起来的。实践证明，在保险经营活动中聘用专业的保险代理人、经纪人和公估人，有利于发挥专业化优势，降低保险公司的经营费用。

其次，在现实生活中，消费者通常将保险与银行、证券等进行金融属性的类比，但为什么银行、证券不用中介而只有保险广泛使用中介呢？这是因为，虽然保险具有"资金融通"的属性，被归入"大金融"的范畴，但准确地说，保险与银行、证券的本质功能属性是不同的。保险所"经营"的是与人们的生命、健康、财产等相关的风险，这是人们不得不面对但又"避讳"的东西；同时，损失发生的不确定性和保险合同的"射幸性"特点也会增强"理性人"的"机会主义"特性，使人们通常选择"碰运气"而不是主动与保险打交道。这就是保险，一个如此重要，但在损失没有发生时，由于风险的"潜在性""非直接性"和"非预见性"的特点，又很难让人体会到其重要性的行业。这一境况很像"吉登斯悖论"所描述的那样一种困境：全球变暖带来风险尽管是一个结果非常严重的问题，但对于大多数人来说，由于其在日常生活中似乎不可见、不直接，因此很少被纳入短期考虑的范畴，许多人袖手旁观，不采取任何实际的行动。正是这样一个特点导致保险不像银行、证券那样可以"坐等"人们自愿上门，而是需要"主动出击",通过专业的保险代理人和经纪人,帮助消费者实现其"潜在需求"。

从现代保险业发展的历程中我们可以看到,保险中介一直扮演着重要角色。1992年,友邦上海率先将代理人机制引入中国,借助大量营销人员在个人客户中传播保险知识和理念,保险在中国逐渐为人们所了解。近三十年过去了,保险中介的队伍在不断壮大,他们在中国保险行业从一个不为人知的小部门发展到今天世界第二大保险市场的过程中发挥了重要作用。

那么,在数字化时代是否还需要保险中介呢?

这个问题的答案取决于数字化时代是否从根本上改变了上述保险中介存在的理论依据和现实依据。

首先,相比传统的保险业,数字化时代的保险业从产品设计、定价、销售、承保、理赔到投资等整个经营流程都发生了很大变化,特别是"人脸识别""智能语音机器人"等技术的使用,提高了真实数据的可获得性和便捷性,使保险业"最大诚信"原则实施的环境得到了极大改善,对平衡保险供求关系、促进行业稳健经营起到了重要的保障和推动作用。然而,尽管保险的经营环境发生了很大变化,保险的基本功能定位——风险保障、损失分担的属性没有变;通过保险契约来实现被保险人向保险人转嫁风险的机制属性没有变;风险的"潜在性""非预见性"和"非直接性"的特点没有变。其次,随着科技的发展,社会的分工更加细化,人们的生活品质也在不断提升,"由专业的人来做专业的事"的重要性也愈发凸显。在此背景下,专业的中介机构也愈发显示出其效率和品质,保险业当然也不例外。因此,消费者保险的个性化需求与保险业务的扩展对专业化的中介需求也会越来越大。

中国用了四十多年的时间成为世界第二大保险市场。不断增强的综合国力、不断扩大的中产阶层、不断增长的个人财富、不断提高的生活品质在向保险业提出更高需求的同时,也为保险业的发展提供了更广阔的空间。此时,保险中介的作用也更为凸显。但鉴于保险经营环境和保险受众群体均发生了重要变化,保险中介不能固守传统的销售范式,而必须"与时俱进",以一种崭新的姿态来扮演其角色。具体来说,保险中介队伍应当以职业的"神圣化""知识化"和"专业化"来塑造自己在数字化时代的新形象。

职业的神圣化是指,保险中介应当是一个将保险的关爱送达消费者心中的"天使",而不仅仅是一个将保险产品送达消费者手中的"信使"。这种关爱是一种雪中送炭式的让被保险人能够获取在废墟上重建家园、在绝望中重拾信心的大爱。职业的知识化是指,保险中介应当学识丰富、经验老到,成为老百姓养老需求的设计师、健康需求的营养师、财富需求的规划师和心灵需求的慰藉师。职业的专业化是指,保险中介应当做到"有求必应,有应必达",在各类资源整合、家庭资产配置、专业咨询服务、消费者个性化需求的满足等方面更有作为。

如果保险中介能够以职业的"三化"来要求自己,必定能树立起职业的崇高感,让百姓更放心地通过保险中介的服务,享受保险带给自己的安定感和幸福感。

CCISSR 社会保障与保险

建设更高质量的社会保障制度

贾 若

2021-02-05

我国自2003年开始在农村地区推广新型农村合作医疗，2009年开始推行新型农村社会养老保险；2007年开始在城镇地区推广城镇居民基本医疗保险，2011年开始推行城镇居民社会养老保险。根据中国共产党十九届五中全会公报，在"十三五"时期，中国"建成世界上规模最大的社会保障体系，基本医疗保险覆盖超过十三亿人，基本养老保险覆盖近十亿人"。十余年时间，在城乡居民自愿参与的基础上，全民医保、普遍养老保障的"广覆盖"目标基本实现。

但是，社会保险的发展仍然面临一些矛盾和问题，"发展中的矛盾和问题集中体现在发展质量上。这就要求我们必须把发展质量问题摆在更为突出的位置，着力提升发展质量和效益……使发展成果更好惠及全体人民"（《关于〈中共中央关于制定国民经济和社会发展第十四个五年规划和二〇三五年远景目标的建议〉的说明》，以下简称"《建议》的说明"）。

《中共中央关于制定国民经济和社会发展第十四个五年规划和二〇三五年远景目标的建议》（以下简称《建议》）第45项提出："健全多层次社会保障体系。健全覆盖全民、统筹城乡、公平统一、可持续的多层次社会保障体系。推进社保转移接续，健全基本养老、基本医疗保险筹资和待遇调整机制。实现基本养老保险全国统筹，实施渐进式延迟法定退休年龄。发展多层次、多支柱养老保险体系。推动基本医疗保险、失业保险、工伤保险省级统筹，健全重大疾病医疗保险和救助制度，落实异地就医结算，稳步建立长期护理保险制度，积极发展商业医疗保险。健全灵活就业人员社保制度……完善全国统一的社会保险公共服务平台。"《建议》第28项还特别指出要"健全农村社会保障和救助制度"。《建议》和《建议》的说明确立了"十四五"期间社会医疗和养老保险事业改革与发展的原则，为建设更高质量的社会保险制度，解决社会保险制度中的矛盾和问题指明了方向。

首先，从社会保险覆盖面的角度看，基本养老保险和基本医疗保险的覆盖人口还有三亿多的差距，即三亿多人参与了基本医疗保险（有真实需求），却未参与基本养老保险。这三亿多人中有一部分是未满16周岁的未成年人，他们不是基本养老保险的覆盖人群；但也有相当一部分是成年的城镇居民和农村居民，他们对应的现行社会养老保险制度主要是"城乡居民基本养老保险"(以下简称"城乡居保")。相比于基本实现全覆盖的基本医疗保险,城乡居保制度的吸引力还有待进一步提高,这其中既有制度设计的问题,也有长期保险投资回报不高的问题,也可能存在由于20世纪90年代"农村基本养老保险"失败造成的居民对养老保险制度的信任问题。上述问题必须从系统观念出发加以谋划和解决,加强科学研究和精算设计。

其次,从社会保险制度角度看,中国现行基本医疗保险制度和基本养老保险制度仍然是碎片化的、城乡分割的。不同户籍和职业身份的居民参与不同的社会保险制度,得到不同的保障水平。(机关事业单位)公费医疗、城镇职工基本医疗保险、城乡居民基本医疗保险的筹资和保障水平还存在一定差距;机关事业单位养老保险、城镇职工基本养老保险、城乡居民基本养老保险的保障水平也依次递减。这种碎片化的社会保险制度有其历史原因,比如城乡二元结构、体制内外福利水平差距等。《建议》明确提出了健全"统筹城乡、公平统一"的社会保障体系,为建立城乡统一的社会医疗和养老保险制度指明未来五年及十五年的努力方向。当然,我们也必须清醒地认识到,由于筹资水平的巨大差距,统一上述制度还需要付出十分艰苦的努力。

最后,从筹资和保障水平的角度看,中国的社会医疗和养老保险都面临着降低(或维持)现有筹资水平以支持经济增长和提高(或维持)保障待遇水平的矛盾。一方面,参保人期待提高医疗和养老待遇水平;另一方面,经济发展要求降低企业负担。"十三五"期间,国家已经采取了一系列"开源节流"措施,比如在降低名义缴费率的同时,加强社会保险费征管。从2020年11

月开始,全国所有省份都在一定程度上实现了由税务部门统一征收社会保险费;再如,审慎推行社会养老保险基金的市场化投资,提高投资回报率;探索社会医疗保险支付的费用控制和道德风险控制方法等。"十四五"期间,提高社会保险作为一种金融产品和金融制度的质量及效益,是解决筹资和保障水平矛盾的关键。以社会保险基金的规模优势,可否考虑在保证本金无损失的条件下预期投资回报率盯住GDP增长率水平,让全民共享经济发展的成果?可否考虑进一步提高市场化机构投资管理的社会保险基金的比例,扩大其规模?医疗保险和城乡居保的个人账户筹资如何能够发挥更大的保障作用?这些都是在社会保险改革向纵深推进过程中亟待解决的制度问题。

深入推进长期护理保险试点

韩 笑

2021-03-12

长期护理保险是专门为因年老、疾病、伤残等导致的失能人员提供基本生活照料的一种社会保险。《中共中央关于制定国民经济和社会发展第十四个五年规划和二〇三五年远景目标的建议》中指出,"健全多层次社会保障体系……稳步建立长期护理保险制度"。2016年6月,人力资源和社会保障部办公厅发布了《关于开展长期护理保险制度试点的指导意见》(人社厅发〔2016〕80号)、2020年9月国家医保局和财政部发布了《关于扩大长期护理保险制度试点的指导意见》(医保发〔2020〕37号),分别公布了第一批15个试点城市和2个重点联系省份,以及第二批14个试点城市。据国家医保局披露,截至2021年3月3日,全国已有49个城市试点长期护理保险,报销水平总体为70%左右。

长期护理保险面临诸多困境

作为保障失能人员的一项社会制度,长期护理保险是老年护理需求风险的有效转移工具,是对家庭护理模式的一种补充,也是我国社会保障制度的重要组成部分。从国际经验来看,美国、加拿大、英国、德国、荷兰、以色列、韩国、日本等国均已建立长期护理保险制度,充分利用财税支持政策有效衔接了老年人群的医疗和养老问题。从我国的情况来看,试点地区通过对覆盖人群、筹资模式、待遇水平、服务形式等方面的不同制度设计,对长期护理保险制度试点的开展和推广进行了有益探索。然而目前,我国长期护理保险制度发展仍面临诸多困境,试点地区存在制度碎片化严重、筹资渠道单一、配套设施落后等问题。

第一,制度碎片化严重。在试点开展初期,长期护理保险制度采取自下而上的探索方式,地方政策的随意性较大,缺乏国家层面的法律和制度支撑。以待遇标准为例,试点地区对符合规定的费用按比例进行支付,如青岛按照职工报销90%、居民报销80%的比例支付,广州按照养老机构护理报销75%、居家护理报销90%的比例支付;以服务形式为例,各地对医疗机构、养老机构、社区居家提供了不同护理标准,如上饶长期护理服务套餐采用10项固定项目加28项自选项目,成都面向失能和失智人员分别制定31项和24项服务项目。由于试点政策碎片化,全国统一的失能评定标准、护理服务标准和待遇支付标准尚未形成,政策执行过程中出现了给付过程漫长、地区收支差异大等问题;制度的不稳定也不利于护理服务的标准化管理,导致养老生态体系的建设滞后。

第二,筹资渠道单一。在试点起步阶段,为了不增加个人和企业的负担,各地长期护理保险主要以医保基金作为资金来源,缺少独立的筹资渠道。由于长期护理保险提供的助餐、翻身、洗澡等生活照料并不在医保服务范围内,使用医保基金作为长期护理保险资金并不十分合适。随着老龄化问题的加重,长期护理的社会需求将不断攀升,与医疗保险相捆绑的筹资模式将会给医保基金带来巨大压力,资金供应面临不可持续的困境。只有建立多方共担的长期护理保险筹资体系,才能减轻筹资压力,更好地推进长期护理保险的建设、发展与成熟。

第三,配套设施落后。长期护理保险制度需要在相关配套设施基础上运行,目前养老机构建设在我国推进较为缓慢,养老机构两极分化严重:低端的民营养老机构收费较低,但基础设施条件简陋,护理服务体验较差,难以吸引失能老人入住;高端的养老机构常与地产建设相结合,条件较好,但费用高昂,房租、服务、伙食均要收费,仅能吸引部分高收入群体入住。此外,由养老机构长期照护而与子女及其他亲属分离的老人缺少情感沟通和天伦之乐,亲情纽带力量的减弱加之身体机能的下降,容易使老人在心理上产生难以缓解的隔绝感和孤独感,老人的情感需求成为护理服务需要重点关注的内容。

完善长期护理保险运行机制

针对以上长期护理保险试点城市面临的问题,笔者认为,应及时总结试点经验,进一步探索和完善长期护理保险运行机制,同时借鉴国际经验和理念,力争在"十四五"期间形成较为完善的长期护理保险制度政策框架,并推动建立健全多层次长期护理保障制度。

第一,加强顶层制度设计。长期护理保险定位为一项社会保险,必须以法律的形式对其性质、筹资模式、给付标准等问题进行规范,并辅之以完备的配套政策支持。首先,应将长期护理保险纳入《中华人民共和国社会保险法》,从法律层面明确制度的地位,改变试点制度碎片化、随意化的现状;其次,应遵循社会保障制度建设规律统一制定各项标准与细则,通过配套措施规范护理服务与待遇水平,满足失能、半失能老年人的异质性护理需求;最后,要明确牵头部门,协调资源形成联动合力,统筹医保、人社、卫健、民政、金融等各方力量,建立组织协调机制统筹推进养老问题的全链条、全过程工作,建立和完善长期护理保险的风险防范机制和绩效考核机制。

第二,建立独立筹资机制。首先,应尽快将长期护理保险列为独立险种,按照独立设计、独立架构、独立运行的原则,探索"保险缴费+使用者负担+政府补贴"的筹资机制,逐步形成个人、企业、政府三股力量共同分担长期护理保险筹资责任的格局;其次,要综合挖掘社会捐助、慈善捐助、福彩资助等多元化筹资渠道,更好地发挥政府的托底作用;最后,针对长期护理保险参保人群制定差异化的个人税收递延政策,加大个人缴费优惠力度,保证社会长期护理保险资金来源稳定、收支可持续。

第三,完善配套设施建设。首先,积极采取措施抑制民办养老机构的两极分化,促进"购买者与生产者分离",即政府通过购买契约或委托契约来购买民间机构所提供的社会福利服务，并将资源向处于弱势地位的小型民办养老机构倾斜，确保资源分配的公平性；其次，针对老年人的情感需求，鼓励发展护理人员上门服务的居家养老模式，让老年人身处熟悉的环境中接受护理服务，为需要赡养老人的低收入家庭提供养老、医疗津贴，以提高家庭赡养老人的积极性；最后，整合社区周边的养老服务机构为老年人提供服务，使社区从直接服务提供者转变为连接需求与供给的平台，满足社区老年人多样化的养老需求。

"让老年人拥有幸福的晚年，后来人就有可期的未来。"除了长期护理保险制度安排与资金保障，打造"老年友好型城市"、弘扬"尊老、敬老、爱老、助老"的中华民族传统美德，是每一座城市和每一位公民的责任，也是帮助老年人乐享生活、自在养老的重要人文保障。

完善个人账户模式的养老第三支柱

陈凯

2021-03-26

近期,有关延迟退休年龄的话题再度在微信朋友圈内热传,并有人"透露"了一份渐进式延迟退休的时间表。虽然后来被辟谣,但渐进式延迟退休年龄政策应该离我们不远了。延迟退休年龄其实是一个老话题了。早在2008年,人力资源和社会保障部就曾经发布消息称有关部门正在研究有关延迟退休的问题。2012年发布的《社会保障"十二五"规划纲要》(国发〔2012〕17号)和2015年发布的《中共中央关于制定国民经济和社会发展第十三个五年规划的建议》中也都提到了要"出台渐进式延迟退休年龄政策"。2020年发布的《中共中央关于制定国民经济和社会发展第十四个五年规划和二〇三五年远景目标的建议》中再次提出要"实施渐进式延迟法定退休年龄"。从"出台"到"实施"的变化,可以说"十四五"期间延迟退休政策已经是板上钉钉的事情了。

那么,我们是否准备好应对延迟退休的政策了呢?个人认为目前虽然很有必要延迟法定退休年龄,但在延迟法定退休年龄的辅助配套政策上还不够完善,有待进一步补充。诚然,由于我国人口老龄化问题的加剧,社会基本养老保险基金的缺口逐年扩大,延迟法定退休年龄迫在眉睫。但是,简单直接地延迟法定退休年龄真的能起到令人满意的效果吗?我国的养老保险体系采用的是国际上比较常见的三支柱结构,包括第一支柱基本养老保险、第二支柱企业年金和职业年金以及第三支柱个人养老保险。由于第二支柱和第三支柱均采用积累制,受较低法定退休年龄影响较大的只有第一支柱基本养老保险。人口老龄化和医疗水平的提高使得在职人员与退休人员的制度抚养比逐年下降,而且这一态势还将持续下去。第一支柱是政府提供的普惠型养老保障,其稳定性和可持续性对维护社会稳定具有举足轻重的作用。因此,需要采取多方面的措施来维持基本养老保险的可持续问题。延迟法定退休年龄只是众多解决方案中的一环,不可或缺,但也不能只依赖这一项政策。

因此,如果想缓解我国养老保障体系的老龄化压力,就需要系统地进行顶层设计。在延迟退休制度推出的同时,推动多方面的辅助配套政策,以此来更好地发挥延迟退休政策的效用。个人认为,当前情况下较为可行也较为有效的方案之一就是利用个人账户模式尽快扩大第三支柱个人养老保险的规模。

我国的三支柱养老保险制度长期以来一直一条腿走路,第二支柱和第三支柱仍有很大发展空间,尤其是第三支柱个人养老保险。自1997年基本养老保险制度改革以来一直计划开展的第三支柱个人税收递延型养老保险在2018年5月才真正落地开始试点。然而,经过近三年的试点销售,其效果仍不理想。主要问题还是在于吸引力不足。首先,税收制度设计不理想。在目前的个人税收递延型商业养老保险试点中,个人缴费按6%和1000元孰低原则税前扣除;投资收益暂不征收个人所得税;个人领取时75%的部分按照10%的税率缴纳个人所得税。然而,由于近年来《中华人民共和国个人所得税法》的修改,起征点有所提高,还增加了很多个人所得税抵扣项,使得目前个人税收递延型养老保险覆盖面受到很大影响,真正能够享受到税收优惠政策的主要为当期个人所得税适用税率为20%以上的人群。而1000元的税前扣除额度又对这部分人群缺乏吸引力。这就造成了能买的人不想买、想买的人没必要买的困局。其次,产品设计不合理,市场竞争力不足。与传统商业养老保险产品相比,个人税收递延型商业养老保险的产品并没有什么特别之处。除了收取保费时的税收优惠,在投资端并不享受特别的税收和费用减免优惠政策。既无产品设计上的独特之处,在投资增值能力上和普通产品相比又没有突出优势,与一些长期基金产品相比甚至还稍有逊色。综合来看,税收制度和产品设计的不完善降低了第三支柱个人养老保险产品的市场吸引力。

从国际经验来看,欧洲、美洲、亚洲等较为成熟的养老保障体系中大多采用了个人账户模式的第三支柱。这也是目前中国很多学者和专家都比较推崇的个人养老金发展方向。以美国为例,在20世纪70年代,美国推出了个人退休账户计划(Individual Retirement Account,IRA),通过一定的税收优惠刺激鼓励没有参加社会基本养老金计划及企业年金计划的个人进行退休储蓄。这一方面解决了个人为退休后生活提前储蓄的问题,另一方面也缓解了社会基本养老金的不可持续问题和企业年金的流动性问题。同时,各种以养老为目的的基金产品应运而生,较好的税收优惠制度、灵活的投资方案、较高的收益水平使得美国的养老第三支柱一下子得到了飞速发展。目前,美国所有类型的个人退休账户资产之和在美国总退休资产中的占比超过40%。美国养老第三支柱的兴起,有效地缓解了第一支柱在个人养老收入中的占比。虽然美国目前的第一支柱也因为老龄化面临可持续性的问题,但由于得到了第二支柱和第三支柱的辅助,第一支柱的改革可以较为顺畅地进行,延迟退休年龄也不会受到较大的阻力。

对于我国现阶段而言,加速发展第三支柱养老保险是完善我国养老保障体系、平衡三支柱关系、促进延迟退休政策顺利推出的关键一环。而面对当前的试点结果,个人账户模式未来将成为突破口。个人账户模式的第三支柱可以引入除保险公司外的更多金融投资机构,不同类型的金融产品均可参与养老第三支柱,比如符合规定的银行理财、商业养老保险、养老目标基金等金融产品都可以成为养老第三支柱的产品。通过个人账户的模式,个人选择适合自己风险承受能力和退休计划的产品进行投资,这将是我国养老第三支柱的未来发展方向,也是我国养老保障体系的未来发展方向。只有养老第三支柱的规模上去了,第一支柱基本养老保险的压力才会降下来,包括延迟退休政策在内的各种改革方案才能更好地实施,从而真正意义上缓解老龄化给基本养老保险带来的压力,也真正意义上做到"十四五"规划中提出的"发展多层次、多支柱养老保险体系"。

用"健康防贫"破解贫困脆弱性难题

周新发

2021-04-09

到2020年年底,我国已经实现农村贫困人口的全面脱贫,历史性地解决了"绝对贫困"问题,提前10年实现《联合国2030年可持续发展议程》减贫目标,精准扶贫工作告一段落。

然而,消除了"绝对贫困"后,"相对贫困"问题在一定范围内还将长期存在,其中一个重要原因就是困难群体的"贫困脆弱性"。"贫困脆弱性"这一概念由世界银行首次提出,它的定义是"个人或家庭因遭遇某些风险而导致财富损失或生活质量下降到某一社会公认水平之下的可能性""除以收入为主要度量的福利水平较低以外,贫困还包括自然灾害、疾病、战争等各种外部不利冲击导致的贫困脆弱性"。这一命题将对贫困的理解从静态的"绝对收入贫困"拓展为动态的"贫困脆弱性"。就我国而言,由疾病风险冲击所导致的贫困脆弱性是农村弱势群体致贫返贫的主要原因之一,我们对此一定要保持高度警惕。

为了巩固既有扶贫成果、破解贫困脆弱性难题,在完成脱贫攻坚任务以后的很长一段时间内,"健康防贫"仍是一个有着重要价值的研究课题。在反贫困中,医疗保障不仅仅要扶贫,更要注重"防贫",这是消灭贫困的"釜底抽薪"之策。"健康防贫"能够斩断"疾病风险冲击—健康受损—经济贫困"的链条,实现既降低健康脆弱性又降低经济脆弱性的目标,进而破解"因病致贫、因病返贫"的难题。现行医疗保障制度虽然在一定程度上能够缓解医疗贫困问题,但因未充分考虑困难群体面临的健康风险等冲击而缺乏预见性、精确性和有效性。因此,从这个意义上来说,健全的医疗保障体系应该具有应对贫困脆弱性和推动实现"健康防贫"的内在功能。

对于收入水平高于扶贫对象标准的贫困脆弱性人群而言,他们不符合贫困对象的条件,因而难以享受到贫困户的帮扶政策。但恰恰是这部分群体家庭经济收入比较低,是农村人口中处于贫困边缘的"夹心层",很容易因为疾病、各种灾害等风险而致贫。由此可见,针对这部分可能致贫的贫困脆弱性群体来构建一个预防贫困的"健康防贫"机制和健康风险管理体系,有利于增强他们应对重大疾病风险冲击的能力。从更深层次看,开展"健康防贫",既是提高人民健康水平的好事,更是根治"因病致贫返贫"的有效之策。

在2020年实现全面建成小康社会和完成精准扶贫后的很长一段时期内,要有效解决"因病致贫"和"因病返贫"、根治贫困问题,需做好以下四个方面的工作：

第一,建立针对医疗贫困脆弱性群体的"健康防贫"识别机制。要从源头上消除绝对贫困增量,就必须构建科学公平合理的识别机制,确定医疗贫困脆弱性群体的范围。从卫生经济学贫困理论的视角出发,因病致贫或返贫的度量指标应是通过对实际自付医疗支出占患者家庭经济收入水平比重的测算实现的。因此,通过建立居民家庭收支调查与社会医疗保险稽核制度联动的贫困识别机制,准确评估参保患者是否属于贫困脆弱性群体(以家庭人均纯收入低于上年度国家贫困线的1.2倍为参考标准)和确定医疗负担是否过重(自费部分的医疗费用支出超过家庭年收入水平的一半以上),成为做好"健康防贫"工作的关键。政府应将符合条件的群体纳入健康防贫监测范围,精准识别和建档立卡,建立健康防贫动态识别监测体系。

第二,充分发挥城乡居民医疗保险、城镇职工医疗保险和大病保险等社会医疗保险的"健康防贫"功能。如果说之前的精准扶贫是一场攻坚战,那么,"健康防贫"工作则是一场持久战,需要加强医疗保障制度建设,充分发挥城乡居民医疗保险、城镇职工医疗保险和大病保险的防贫功能。要发挥社会医疗保障的兜底作用,不仅要做好筹资兜底,更要做好报销兜底。从国际经验来看,德国通过设定最高自付限额的方式,帮助困难群体减轻自费负担,避免因病致贫,这种做法值得借鉴。为进一步发挥城乡居民医疗保险、城镇职工医疗保险和大病保险的"防贫"功能,政府可将"健康防贫"作为抓手,在保证医疗保险精算平衡的前提下进一步提高城乡居民基本医疗保险报销比例和降低医疗保险起付标准,简化报销手续,提高异地报销的便利性和参保者的医疗保障水平。同时,进一步扩大医疗保险覆盖的药品目录和医疗服务范围,以扩大社会医疗保险支付范围、提高医疗保险性价比,切实减轻参保者尤其是低收入群体的自费医疗负担。

第三,深化农村医疗服务体系改革以提升基层医疗服务水平和服务能力。首先,加大对农村基层尤其是西部地区的医疗卫生投入,改变城乡和地区医疗资源分布不平衡的局面。中央和地方各级财政应继续增大对农村基层地区医疗卫生支出的倾斜力度,加大医疗卫生资金、医疗设备和技术投入,充实基层医院医疗人才力量,不断改善农村基层医疗服务条件,提升基层医院和医生的医疗服务水平与服务能力。其次,农村基层医疗机构要通过分级诊疗、双向转诊和城乡医联体等改革,实现既提升医疗服务质量,又切实减轻医疗费用负担的目标。通过开展县、乡、村分级医疗和双向转诊,减少患者外出看病的医疗成本;通过城乡医疗机构组建专科医联体和开展远程医疗,在降低医疗负担的同时获得高质量的医疗服务。最后,在基层医药供给方面实现农村医药资源的有效供给。一方面,要依据各个地区疾病谱的变化对基药目录进行调整或扩容,保障乡镇、村卫生室常用药品供给,尤其是加强面向农村贫困人口的基本药物供给,提高面向农村患者的医药供给效率;另一方面,加强药品价格监管,采取有效措施坚决遏制农村医药费用的不合理增长,切实减轻农民医药费用负担。

第四,将"健康防贫"与"健康中国2030"建设结合起来,提升困难群体的健康水平。推进健康中国建设,坚持以预防为主,强调要改变人们"重治轻防"的健康观念,强化早诊断、早治疗、早康复。"健康防贫"不仅要注重降低贫困人口看病就医负担等健康扶贫的短期目标,更要建立提升健康素养水平和预防疾病能力的社会环境。一方面,通过广泛宣传居民健康素养基本知识和技能,加强对贫困人口的健康教育,提升贫困人口对健康知识的知晓率,帮助他们改变不良的生活习惯,形成良好的卫生习惯和健康生活方式;另一方面,对建档的农村脆弱群体定期进行免费健康检查和免费义诊,做到及早发现、及早治疗,把握治疗良机,这样既能降低困难群体的经济负担,又能提高救治效果,防止出现"小病拖到大病,大病拖到不治之病"的情况,从根本上实现"健康防贫"的目标。

健全医保基金共济机制放大保障效能[①]

郑 伟

2021-04-26

2021年4月22日,国务院办公厅印发《关于建立健全职工基本医疗保险门诊共济保障机制的指导意见》(国办发〔2021〕14号),启动实施职工医疗保险门诊共济保障改革。此次改革的核心内容可以概括为"一二三三",即调整一个结构,增强两种共济,实现三项"纳入",扩展三类"支付"。

第一,调整一个结构,即调整统筹基金与个人账户的计费结构。原计费结构依据1998年

[①] 《经济参考报》2021年4月26日第1版。

《国务院关于建立城镇职工基本医疗保险制度的决定》(国发〔1998〕44号),在单位和职工个人合计8%的缴费情形中,计入统筹基金的部分是4.2%,占比52.5%;计入个人账户的部分是3.8%,占比47.5%。此次改革提出了新的计费结构,经初步估算,在单位和职工个人合计8%的缴费情形中,计入统筹基金的部分约5.65%,占比70.6%;计入个人账户的部分约2.35%,占比29.4%。改革调整之后,统筹基金占比约扩大18.1个百分点,个人账户占比相应缩小。

第二,增强两种共济,即增强"大共济"和"小共济"。"大共济"是指统筹基金的社会共济,"小共济"是指个人账户的家庭共济。从"大共济"看,调整统筹基金和个人账户的计费结构之后,统筹基金力量得以增强,统筹基金共济范围得以扩大,职工医保的社会共济保障水平得以提高。从"小共济"看,个人账户的使用范围扩展至家庭成员,职工医保的家庭共济保障水平得以提高。

第三,实现三项"纳入",即将三项费用纳入统筹基金共济保障范围(大共济)。一是门诊费用,在做好门诊慢特病医疗保障工作的基础上,逐步将多发病、常见病的普通门诊费用纳入统筹基金支付范围。二是定点零售药店的医药费用,将符合条件的定点零售药店提供的用药保障服务纳入门诊保障范围,支持外配处方在定点零售药店结算和配药。三是"互联网+"医疗服务费用,探索将符合条件的"互联网+"医疗服务纳入保障范围。

第四,扩展三类"支付",即允许将个人账户使用范围扩展至家庭成员(配偶、父母、子女)的三类费用,实行家庭共济(小共济)。一是家庭成员的就医费用,个人账户可以用于支付家庭成员在定点医疗机构就医发生的由个人负担的医疗费用。二是家庭成员的医药费用,个人账户可以用于支付家庭成员在定点零售药店购买药品、医疗器械、医用耗材发生的由个人负担的费用。三是家庭成员的参保费用,探索个人账户用于家庭成员参加城乡居民基本医疗保险等的个人缴费。

在深化医疗保障制度改革的大背景下,此次职工基本医疗保险门诊共济保障改革具有三个方面的重要意义:

首先,有利于回归本源,互助共济。社会保险的本源是互助共济,此次改革调整统筹基金与个人账户的结构,建立健全门诊共济保障机制,较好解决医保基金因个人账户占比过高导致的碎片割裂问题,有利于增强医保基金的风险保障功能,回归社会保险互助共济的本源。

其次,有利于大小互补,家社协同。统筹基金的社会共济是大共济,个人账户的家庭共济是小共济,此次改革不仅加大了统筹基金大共济的保障力度,而且创新实施了个人账户小共济的保障机制,有利于大小共济相互补充,促进家庭与社会的协同保障。

最后,有利于战略购买,三医联动。医保基金具有战略性购买作用,此次改革通过做大统筹基金并把门诊纳入共济保障,有利于更好地发挥医保基金的战略购买作用,优化基层医疗资源配置,提升基层医疗服务能力,便利群众基层就医,推进三医联动。

医保个人账户不能失却"初心"

锁凌燕

2021-04-30

国务院办公厅日前印发《关于建立健全职工基本医疗保险门诊共济保障机制的指导意见》（以下简称《意见》），提出要建立健全门诊共济保障机制，改革职工医保个人账户。具体而言，《意见》涉及的医保个人账户的改革主要包括以下几个方面：一是"调额"，即改革个人账户缴费计入办法，将在职职工个人缴费部分计入本人个人账户（本人缴费基数的2%），退休人员的个人账户由统筹基金按当年基本养老金平均水平的2%定额划入，企业缴费部分不再计入个人账户;二是"扩面",即将账户的许可使用人或者说受益人从职工个人进一步扩展为其配偶、父母和子女,相当于从保障"个人"转变为保障"家庭";三是"扩围",即将个人账户的使用范围进一步扩展到可以用于支付合规医疗医药费用等,而且可以用于支付配偶、父母、子女参加城乡居民基本医疗保险等的个人缴费。

根据《2021年医疗保障事业发展统计快报》的数据,2020年年末,我国参加职工基本医疗保险的人数为34 423万,职工基本医疗保险基金中个人账户累计结存9 926.95亿元。可以说,《意见》提出的是一项涉及数亿人、近万亿元资金的改革,影响不可谓不大。而自职工医保个人账户设立以来,对其使用规范便一直存在广泛的讨论,各地也有不同的尝试和做法,"家庭共济"等做法就已有地方实践先例。此次《意见》的出台,为下一阶段个人账户的优化与完善明确了方向。

从本质上讲,医保个人账户是一种强制性的"定向"储蓄,其重要性至少包括两个方面:其一,通过"强制"来对抗人的"天性"。人人都面临健康风险,但往往会出于对风险的认知理解不足,或者自律性不足,更偏向于当下的消费等原因,导致风险储备不足。强制的意义首先在于形成医疗储备金,唤醒个人为健康风险进行资金安排的意识。从这个意义上讲,个人账户的存在有其必要性。其二,通过"定向"来避免资金的不当占用。一般而言,个人的健康风险会随年龄的增长而增加;统计数据表明,除婴幼儿时期外,个人的医疗费用指数会随年龄的增长而攀升。个人为医疗进行定向储蓄,就有了在年轻时预备年长时、健康时预备疾病时的意义,可以实现风险在人一生中的"纵向"分散。如果医疗储蓄被其他用途挤占,也就失去了医保个人账户的"初心"。

当然,也正是因为这种制度安排的初心,医保个人账户天然缺乏人群间的"横向"互助互济属性。在实践中,这直接导致个人账户使用效能有限——近年来,个人账户余额快速增长,仅2020年一年间便增长约1 650亿元,但其资金回报有限,赶不上医疗卫生总费用近十年间年均14%的增幅。换句话说,在目前的条件下,个人账户代表的"纵向"平衡机制的实际效率,并没有跑赢社会统筹代表的"横向"分散机制。此外,个人账户基金的"定向"性贯彻并不彻底,一些地区个人账户的使用失范,未必严格用于医疗保健用途,在个别地区个人账户还可以取现消费,存在较为严重的漏损现象。

所以,医保个人账户的长期健康发展,势必需要解决几个重要问题:一是医保缴费如何在社会统筹和个人账户之间配置,以求取纵向积累与横向互助之间的平衡?二是如何提高个人账户资金的制度回报率,以提升资金使用绩效?三是如何切实保障个人账户资金的"定向"属性,让积累资金切实用于健康风险保障?

《意见》提出的改革措施对上述问题做出了全面回应:对问题一,通过"调额",将原本划入个人账户的单位缴费部分划入社会统筹资金池,从而更大程度地发挥社会共济的功能,这在当下的条件下显然是更有利于放大资金使用效能的;同时,将个人缴费部分全部划入个人账户,仍然让个人账户发挥其基本功能,形成一定的定向资金积累。对问题二,主要是通过"扩面"和"扩围",将"个人账户"升级为"家庭账户",增强个人账户使用的灵活性,提供家庭成员之间的互助共济能力,相当于放大了个人账户的制度回报。对问题三,《意见》明确了个人账户的使用范围和使用"禁区",同时指出要完善管理服务措施,创新制度运行机制,引导医疗资源合理利用,建立对个人账户全流程动态管理机制,加强对个人账户的使用、结算等环节的审核,以防止账户资金漏损。

可以说,《意见》提出的改革措施,有利于提高个人账户资金的使用效率,有利于实现制度更加公平可持续。面向未来,对于如何进一步优化医保个人账户,也许还可以进行更为深入的探索。例如,是否可以考虑进一步拓宽医保个人账户的许可使用范围,允许职工及其配偶、父母、子女使用账户余额购买符合特定要求的商业健康保险?我国基本医疗保险已经实现全覆盖,但在目前的发展阶段,其保障程度还相对有限,要获得更为全面的保障,势必需要以商业保险作为补充;对于个人而言,医保个人账户能够积累的资金相对有限,抗风险能力弱,但如果能够用其购买补充商业保险,就可以显著提高保障水平。当然,因为医保个人账户缴费是可以在税前扣除的,所以可用其购买的商业健康保险也应该符合相应的规范和条件,可以结合个人税收优惠健康保险的国际国内实践经验进行论证。

更进一步,或许可以探索扩大医保个人账户的资金来源,以账户为基础考虑个人所得税优待。个人按规定的缴费比例或办法实际缴付的基本医疗保险费,可以在个人应纳税所得额中扣除;而2019年起施行的《个人所得税法实施条例》(中华人民共和国国务院令第707号)明确,个人购买符合国家规定的商业健康保险等的支出,属于"依法确定的其他扣除"。两类扣除虽然性质不同,但都具有同样的节税机理与效果。如果可以允许个人建立个人税收优惠健康"账户"(可以确定享受税收优惠的缴费上限),并允许其将两个账户的资金合并以购买合规商业健康保险产品、支付合规健康费用,不仅可以扩大税收优待政策的惠及面,激励消费者进行更多的"定向"积累,增强个人账户的抗风险能力,而且可以将资金、税收、产品等信息在账户层面汇总,避免资金和产品的碎片化,便利消费者更好地进行健康保障安排。可以说,面对老龄化深化和疾病谱变化的趋势,我们的改革探索和思考不能停歇。

人口老龄化对社会养老、长期护理保险的挑战

贾 若

2021-05-21

老龄化是社会的深刻变化,对社会保障体系构成冲击。根据第七次全国人口普查数据,中国60岁以上老年人口为2.64亿,占比18.70%,其中65岁以上老年人口1.91亿,占比13.50%。与2010年第六次全国人口普查相比,60岁以上人口比重上升5.44个百分点,65岁以上人口比重上升4.63个百分点。老年抚养比达到29.5%,即约3.4个劳动年龄人口(16—59岁)供养1个老年人口(60岁以上)。老龄化加速,将使老年抚养比快速下降,为现收

现付制的社会养老保险带来压力。同时,随着老龄人口数量不断增加、预期寿命不断延长,失能老年人数量逐年攀升。一方面,巨大的失能老年人口基数导致社会对老年人长期护理的需求快速增长;另一方面,计划生育政策、家庭生育习惯导致家庭规模缩小,弱化了家庭护理的功能。根据第四次中国城乡老年人生活状况抽样调查结果,2015年中国失能、部分失能老年人达到4 063万,占老年人口的比重为18.3%,以此比例推算,中国当前有近5 000万需要护理的老年人。

"开源节流"

"十三五"时期,中国建成世界上规模最大的社会保障体系,基本养老保险覆盖近十亿人,普遍养老保障的"广覆盖"目标基本实现。但是,社会保险的发展仍然面临一些矛盾和问题,发展中的矛盾和问题集中体现在发展质量上。从保障的角度看,机关事业单位养老保险、城镇职工基本养老保险、城乡居民基本养老保险的保障水平还有很大差距。从筹资和保障水平关系的角度看,中国的社会养老保险面临着降低(或维持)现有筹资水平以支持经济增长和提高(或维持)保障待遇水平之间的矛盾。一方面,参保人期待提高养老待遇水平;另一方面,经济发展又要求减轻企业负担,加剧了社保基金的收支不平衡。

人口加速老龄化、高龄化、少子化同步发生,新冠肺炎疫情冲击、国际贸易摩擦等多重因素增大了宏观经济的不确定性。因此,有必要持续深化社会养老保险改革——"开源节流"——使得覆盖了10亿人的社会养老保险体系可持续发展、行稳致远。中国社会养老保险的"源"主要可以划分为三个部分:一是现收现付制下的社会养老保险缴费(即统筹账户),二是部分积累制下形成的社会保险基金结余的投资回报(部分做实的个人账户和部分统筹账户结余),三是财政补贴。现收现付制主要体现的是保障的因素,部分积累制主要体现的是储蓄的因素,财政补贴体现的是福利的因素,三个因素各有其分工和作用。老龄化令现收现付制体系承压,宏观经济不确定性增加了养老保险基金投资回报的不确定性和财政补贴增长的压力。维持社会养老保险体系可持续的根本保证在于中国经济的平稳可持续发展,如果经济增长失速,则社会养老保险将丧失其经济基础,高质量发展将无从谈起。在稳定经济增长的预期下,老龄化挑战可通过缩小现收现付比例、扩大资金积累比例的方式部分缓解,即让每一代人更多地依靠自己的储蓄,而较少依赖下一代缴费获得养老金。同时,可考虑加强养老金缴费与给付水平的关联性,增强缴费激励;鼓励市场化投资,寻求超过通货膨胀率、长期接近GDP增长率的投资回报;避免社会养老保险的福利化倾向,从而避免财政补贴比例提高,危及社会养老保险的可持续性。

社会养老保险的"流"主要是养老金给付支出。一方面,节流不是直接降低社会养老保险参与人和领取人的养老金待遇水平,而是应从合理适度、以收定支的角度来确定养老金待遇增幅,在高于通货膨胀率、低于工资(农村居民纯收入)增长率的范围内,考虑社会养老保险缴费增长率、投资回报率、财政补贴增长率,可持续地确定养老金待遇增幅。另一方面,将养老金待遇水平与开始领取养老金的年龄挂钩,给予养老金领取人决定退休年龄的充分选择权和自主权,是缓解延迟退休压力和矛盾的配套方案。考虑到女性的平均寿命更长且现行制度下退休年龄更早,应先确定男性和女性区别化的改革方案,最终逐步统一。

精准测算

从长期护理的角度看,一种观点认为,需要将长期护理保险作为社会保险的"第六险";也有很多地方试点将社会医疗保险的保障范围扩大到覆盖长期护理保障。两种方案的目标都是将老年人长期护理问题纳入社会保险保障范畴,目的在于为老年人长期护理提供社会支持。但两种方案都存在一定问题,前者可能会进一步提高社会保险费率,即使当前提高社会保险费率是合适的,提高的缴费应该供给养老保险还是用于支持"第六险"仍是有待精准测算的问题;如果不提高社会保险总缴费率(比如按照第二种方案,由医疗保险基金负担),则面临同样的问题,即这些"富余"资金应当支持养老还是长期护理?若干年后,老龄化高峰到来时,养老金给付和长期护理给付的高峰也会同时到来,现有社会保险体系能否同时支持两类保障的给付高峰还需要慎重决策,以避免出现期望保障落空的情况,改善长期护理服务供给质量更无从谈起。

老龄化加速是中国未来一段时间的基本国情,在经济资源有限、社会保险筹资能力有限的前提下,跳出社会保险的范畴,千方百计扩大可用于养老和长期护理的储蓄与其他形式的积累,充分发挥私人部门的积极性,不失为解决问题的另一种思路,例如,充分发挥和扩大养老保险第二、第三支柱企业年金和市场化养老保险的补充作用,鼓励和引导市场化长期护理保险的发展。

社保一体化:问题与展望

朱南军

2021-06-18

经过四十多年的改革与发展,我国已经基本形成了以社会保险为核心的"广覆盖、保基本、多层次、可持续"的社会保障体系,社会保障覆盖范围持续扩大,建立起了世界上覆盖人群最多的社会保障制度。回顾我国的社会保障制度改革,可以发现其重点在于制度的整体建设与覆盖面的扩大。我国的社会保障制度在维护社会稳定、促进经济发展等方面都发挥了重要的作用。截至 2020 年年底,全国基本养老、失业、工伤保险参保人数分别为 9.99 亿、2.17

亿、2.68亿;全国社会保障卡持卡人数达到13.35亿。我国在社会保险扩大覆盖面方面取得的成就得到国际社会的充分肯定和高度评价,国际社会保障协会也曾授予中国政府"社会保障杰出成就奖"。

不过,伴随着社会保障制度的迅速建立与推广,制度架构上存在的问题也逐步显现出来:一方面,受到户籍制度和城乡二元体制等因素的制约,我国在建立社会保障体系过程中呈现出身份分割、城乡分割的特点。基本养老保险制度中城镇职工基本养老保险、城镇居民社会养老保险、新型农村社会养老保险三大体系独立运行,基本医疗保险制度中城镇职工基本医疗保险、城镇居民基本医疗保险、新型农村合作医疗三大体系独立运行,造成了制度间的分割。另一方面,出于行政体制和政策执行方面的考虑,我国将社会保障制度的实际建设权赋予各地方政府,中央政府只确定改革原则和基本制度框架,允许和鼓励地方在具体规则制定上体现各自的独特性,而省级地方政府也多效仿中央的做法将事权进一步下放,造成了地域之间的分割,大大加剧了社会保障基金运行的风险和地区间的制度壁垒。

我国社会保障体系架构上的这种制度分割和地区分割特点,在一定时期内体现了对现实差异性的尊重,保证了社会保障覆盖面的快速扩大。不过,"碎片化"的社会保障体系适应不了经济社会的发展,特别是当部分人群无法被一种单一制度所覆盖时会产生诸多不便,比如农民工异地就医、工作转换、跨地域转移等问题。而且纵向分割与横向分割交叉影响,会进一步导致整体上的割裂,例如针对农民工社会保障,各地采取了不同的措施,分别将其并入城居保或新农保,还有的建立独立制度,使制度被割裂得更加混乱。由于制度碎片化越来越成为制度统一和发展的制约因素，影响了全国的人口流动和区域一体化，社会保障一体化的议题逐渐受到重视。近年来，国家陆续发布了一系列文件来规范推动社保统筹层次的提高、不同制度间的整合和转移接续，部分地区也在积极进行自下而上的一体化尝试与探索。

我国社会保障一体化的改革始于个别地方的先行探索，继而以国家整体规划和方案的形式出台，向全国范围推广。国家在纵向制度架构上的思路是，以职工和居民为分界进行外部衔接及各自的内部整合；在横向区域方面则仍旧以省级行政区为基本统筹区域，针对跨省流动问题采取转移接续的方法。这在《关于建立统一的城乡居民基本养老保险制度的意见》《关于整合城乡居民基本医疗保险制度的意见》《城镇企业职工基本养老保险关系转移接续暂行办法》《流动就业人员基本医疗保障关系转移接续暂行办法》等重要文件中都有明显的体现。在制度整合和统筹方面，由于省级行政区管辖范围大，内部差异明显，特别是经济发达地区的市级政府享有较大的话语权，因此省级行政单位在这一过程中承担着重大的责任和压力。进一步，制度的整合与统筹层次的提高依赖顶层的设计，而地方利益和行政权力仍旧是不可小视的壁垒，因此自下而上的省际整合与统筹尚未见明显成效。在社会保险转移接续方面，虽然随着国家统一规定的出台，社保转移接续在全国也逐步完善，但是区域间协调并没有体现出更多的便捷性和优越性，甚至由于长三角各地区内部个性化明显，统筹和整合进程较慢，社会保障转移接续在程序上更加复杂化。

广义上的社会保障一体化包含了将社会保障体系通过制度安排形成一个有机整体的所有努力。目前关于社会保障一体化的讨论比较庞杂,"整合""统筹""并轨""衔接""转移接续"等概念被众多学者运用在不同语境中,在内涵上都具有或大或小的差异。不过,从我国社会保障制度横向和纵向两个方向上的分割出发,可以将其分为相互交错的两个方面:一是纵向上对不同制度项目进行整合;二是横向上打通区域间的壁垒,实现不同地区间社会保障的自由流动。区域社会保障一体化作为全国社会保障一体化的一部分,其内涵不仅包括打破地区分割,同时也伴随着制度整合与衔接方面的内容。另外,从具体路径上,区域社会保障一体化也可以分为两种不同的方式:一是彻底地统一整合,二是各系统独立但有效衔接,针对不同问题,各地区也都可以在国家政策的基础上做出选择。展望未来,可以在以下几个具体方面采取举措:

第一,加强顶层设计,实现整合与协调的有机统一。国家间如(欧盟)或者国内区域社会保障一体化,其整体架构或采取统一整合的方式来消除内部政策差异,或者通过有效的转移接续机制来实现各独立主体利益的协调。不过,无论采用哪种方式,都离不开整体框架的搭建。而我国省际社会保障一体化之所以进展缓慢,缺乏省级行政单位以上的统筹和协调无疑是重要原因之一。因此,中央政府要协调各省市之间建立高效的社会保障协商机制的需要,确保架构的整体设计,以规范性文件为载体,保证政策执行的强制力和一致性。

第二,科学设计方案,维护不同主体利益的均衡。一方面,从参保者个人的角度来讲,社会保障一体化实质上是保证参保者的权利义务在不同制度、不同地区之间实现自由流转,保障其社会保障权益不因个人流动或制度变革而受损。从作为保险人的政府的角度来讲,社会保障一体化的关键在于确保基金的持续性,使其不因参保者的退出或进入而出现问题,社会保障统筹可以视为基金池的汇聚与扩大,社会保障转移接续则是不同基金池之间的流入与流出。因此,社会保障一体化方案要综合考虑两方面的利益,重点在于参保人权益的保护,同时也要防范道德风险造成的基金安全问题和人群间公平问题。此外,由于各统筹区社会保障缴费基数、缴费比例存在差异,而且地方财政的支持力度也不同,导致地区利益在一些情况下存在冲突。因此,社会保障一体化过程中需要根据人口分布和收入水平、各制度间的缴费和待遇差异、人口流动特点、基金运行状况等因素来综合测算,统筹考虑,科学制订具体实施方案,维护各方主体的利益,实现各方利益的合理均衡。

第三,完善信息系统建设,优化社会保障管理体制。信息系统建设对社会保障一体化的作用毋庸置疑,欧盟的电子卫生保健网络、发达国家的社会保障卡和社会保障号都是社会保障管理领域的有效工具,我国推出的社会保障卡和异地就医结算系统也极大地促进了社会保障一体化的发展。建设统一的信息系统也是符合社会发展趋势的重要举措。而且信息系统建设对社会保障管理经办体制也具有巨大的价值,国家应进一步通过技术手段来促进社会保障业务办理能够有效提高便捷性,改善人民群众的体验,同时也能减轻经办压力,防止各类违反规则的行为,推动社会保障体系的规范化与现代化。

第四,实施配套政策,改善社会保障一体化的宏观环境。社会保障一体化并非一项孤立的社会改革,仅仅依靠社会保障体制内部的一体化并不能达成最佳的效果,相反,必须将其置于公共服务均等化乃至区域甚至全国一体化的大环境中考虑,才能实现整体上的改善。就医疗保险而言,它不仅是社会保障体系的一部分,也是基本医疗卫生制度的重要组成部分,深深植根于公共卫生服务体系、医疗服务体系、药品供应保障体系之中。在世界上任何国家和地区的实践中,没有医疗服务体系作为基础,都不可能建立合适的医疗保险制度。因此,中国社会保障一体化进程中要实现与医疗体系一体化的协同,真正为人民提供高水平的医疗服务。

城镇职工基本养老保险基金潜在缺口分析

吕有吉

2021-07-02

近年来,伴随人口老龄化程度的不断加深,城镇职工基本养老保险制度(以下简称"城职保")财务可持续性面临日益严峻的挑战。第七次全国人口普查数据显示,2020年我国65岁及以上的老龄人口规模达19 064万人,占比达13.5%,老年抚养比达19.7%,三项指标与2000年相比均接近翻倍增长。这意味着在未来较长一段时期内,我国将持续面临人口均衡发展的压力,而这种压力又将进一步传导至城职保基金。近日公布的《人力资源和社会保障事业发展统计公报》的数据显示,2020年城职保基金总收入为44 376亿元,支出为51 301亿元,城职保基金首次出现总收入小于支出的情况。

尽管2020年之前城职保基金结余连年攀高,但城职保基金潜在缺口问题早已浮现。近年来,政府财政补贴城职保基金规模持续扩大,最近可得的数据显示,2017年各级财政补贴城职保基金的规模达8 004亿元。与此同时,《人力资源和社会保障事业发展统计公报》数据显示,我国城职保基金征缴收入自2014年起开始小于基金支出,且二者缺口规模不断扩大,2017年二者缺口达4 649亿元。考虑到养老保险制度转轨所造成的转轨成本沉积、人口老龄化程度不断加深所带来的"缩源扩流"效应以及近年来城职保降费所产生的基金征缴收入下降等一系列因素,着手化解城职保基金潜在缺口问题已迫在眉睫。

总体而言,笔者认为可将造成城职保基金潜在缺口的因素分为制度因素和人口因素两大类,其中前者包括转轨成本较高、退休年龄偏低、缴费基数不实、基金收益较低、统筹层次较低和降费幅度较大等六点,后者包括人口老龄化趋势迅猛、人口流动规模增大、人均受教育年限延长等三点。

制度因素

第一,转轨成本较高。城职保由"现收现付制"向"统账结合制"的转变过程中,参保者依据其所处的年龄阶段被划分为老人、中人和新人三类,其中老人无须缴费,而中人仅需部分缴费,则向老人和中人给付的养老金就构成了城职保的转轨成本。

第二,退休年龄偏低。相较于其他国家,我国现行退休年龄偏低且长期保持不变,目前仍为男性60周岁,女工人50周岁,女干部55周岁,这与中华人民共和国成立初期人均预期寿命较短的事实相适应,但严重滞后于此后我国快速增长的人口预期寿命,部分加重了城职保基金的给付压力。

第三,缴费基数不实。一方面,用人单位有激励低报缴费基数,以减轻缴费负担和降低用工成本;另一方面,雇员有激励迎合用人单位,以增加可支配收入和提升留用概率。因此,存在由人为低报导致的缴费基数不实的情况。

第四,基金收益较低。长期以来,我国城职保基金运作过程中一般选择银行存款、国债等低风险投资管理方式,这虽然符合谨慎性原则的要求,但也不可避免地导致了收益率较低的问题,从而限制了城职保基金的自我增值。

第五,统筹层次较低。截至目前,全国范围内的省级统筹是否真正实现仍有待确认,而在此之前的较长时期内,大多数省份的城职保滞留在地市级统筹层次,导致地区间的城职保制度在实施过程中存在较大差异,加剧了各地区的城职保基金收支失衡问题。

第六,降费幅度较大。为激发企业活力、提振经济潜力,近年来我国逐步降低城职保的企业缴费比例,由20%逐步降至16%,这固然可以通过提高经济增速的方式在长期内更好地为城职保制度"保驾护航",但也不可避免地会在短期内缩减城职保基金的缴费来源。

人口因素

第一,人口老龄化趋势迅猛。一方面,老年人口数量的增加和占比的提高会增大城职保基金的给付压力;另一方面,劳动年龄人口数量的减少和占比的降低会缩减城职保基金的缴费来源。在上述两种效应的共同作用下,城职保基金缺口面临随人口老龄化程度加深而扩大的风险。

第二,人口流动规模增大。随着经济社会的持续发展,流动人口规模持续扩大,青壮年劳动力大量涌入经济发展水平较高的省份,这改善了人口流入省份的人口年龄结构,缓解了人口流入省份城职保基金的收支压力,但同时也加剧了人口流出省份城职保基金的潜在缺口问题,拉大了省份之间的城职保基金结余差距。

第三,人均受教育年限延长。近年来,我国受教育状况持续改善,人口素质不断提高,这对经济增长的好处不言而喻。但也应意识到,人均受教育年限的延长意味着起始工作年龄的推迟和缴费年限的缩短,这将对城职保基金的缴费来源产生挤压作用。

截至目前,政府就如何解决城职保基金潜在缺口问题进行了一系列探索。一方面,政府根据《中华人民共和国社会保险法》的规定,对城职保基金提供财政补贴;另一方面,政府通过国有资本划转弥补城职保基金潜在缺口。然而,在减税降费背景下,无论是财政补贴还是国有资本划转,均意味着政府可能需要削减其他公共支出,从而改变财政支出结构,进而对经济增长产生影响。因此,有必要探索新的政策手段以切实缓解城职保基金的潜在缺口问题,比如延迟退休、提高统筹层次、发行养老金公债等,这要求政府在系统观念指导下结合具体国情做好弥补城职保基金潜在缺口的制度探索和政策储备工作,并在量化基础上动态确定弥补城职保基金潜在缺口的政策工具组合,提升国家治理效能。

加快做大做强第三支柱养老保险

贾若

2021-09-03

"十四五"规划和2035年远景目标纲要提出,要发展多层次、多支柱养老保险体系,规范发展第三支柱养老保险。当前,国家层面应尽快完善顶层设计,积极鼓励地方扩大试点,推动第三支柱养老保险尽快做大做强。

所谓"第三支柱养老保险",一般指社会养老保险(第一支柱)和企(职)业年金(第二支柱)以外的个人储蓄性养老保险,一般由商业保险机构承办。过去十余年里,以第一支柱养老保险为核心内容,中国建成世界上规模最大的社会保障体系，基本养老保险覆盖近十亿人，取得了举世瞩目的成就。同时，中国养老保险体系也面临第一支柱独大的问题，即社会养老保险在养老金给付、养老基金规模等方面都占全部养老保险体系的绝大部分。由此，居民的养老责任和老龄化压力几乎全部放到了第一支柱的社会养老保险上。目前，社会养老保险还面临降费以支持经济发展的压力。社会养老保险除缴费外的其他资金来源，比如财政补贴、国有资产划转等更多着眼于应对老龄化压力，而非提高养老金待遇水平。针对更高水平、更高质量的养老保障需求，需要更多依靠企业和个人的努力，即市场化的第二、第三支柱养老保险来解决。

第三支柱养老保险是中国社会养老保障体系第一支柱的重要补充。当前，要扩大养老保险产品和金融产品的供给。中国居民和家庭重视养老问题，特别是中等收入群体，普遍为退休生活做了一定的经济准备和财务安排，但就资产配置而言存在"重存款、重房产，轻保险"的倾向。通过合适的金融产品将存款、房产年金化，可快速提高中等收入群体的养老储备水平，缓解以第一支柱为主要内容的养老保障体系的压力。政策上可适当放宽第三支柱养老保险的产品范围——对于满足"工作时长期储蓄，退休后按期领取"条件的金融产品，都可以纳入第三支柱养老保险的范畴中，扩大第三支柱养老保险相关支持政策的覆盖面。

第一，要提高第三支柱养老保险产品的流动性。第三支柱养老保险本质上是个人储蓄，出于子女教育、买房、出国、大病等各种潜在流动性考虑，很多人可能不愿意将资产配置到流动性严格受限的税延型养老保险当中。那么，解决方案之一可以是，设计对等和灵活的提前支取与税收优惠条件，即不一定要严格限制流动性,允许产品在一定条件下提前支取或转让,支取或转让后补缴税款和合理滞纳金。

第二,要提高第三支柱养老保险产品的可获利性。可以适当放宽第三支柱养老保险的投资渠道,明确不保本或一定比例保本的条件,鼓励市场竞争,引导第三支柱产品的投资回报率超过低风险短期产品,从而吸引更多的储蓄。

第三,要提高立法层次,加强监管,形成稳定预期。商业保险公司和其他金融机构的信誉与信用风险以及税收优惠在长期中的不确定性,也是制约个人储蓄性养老保险发展的因素。提高立法层次,将对税收优惠的政策、措施以更高层次的法律法规固定下来,有助于个人形成稳定预期。包括可以将第三支柱养老保险的给付纳入保险保障基金和存款保险的优先保障范围,使其能够获得更高的受偿比例和金额,以及明确对第三支柱养老保险产品经营机构比一般银行保险机构更高的资本充足率和偿付能力充足率要求。

建立健全对新业态灵活就业人员的工伤保障

谢志伟

2021-10-22

近年来,随着互联网经济的发展,大批互联网平台创造了一系列服务于互联网经营的灵活就业岗位,包括网约车司机、网约配送员以及家政服务员等。随着从业人员的规模不断扩大,这些新业态灵活就业岗位逐渐成为外地务工人员在一线城市的就业主渠道。但随之而来的问题是,新业态灵活就业岗位频发职业伤害事件,但从业人员却因为与用工平台劳动关系界定不明,被排除在工伤保险保障范围之外。如何建立起对新业态灵活就业人员的工伤保障,是亟待解决的问题。

不难看出,互联网行业中的新业态灵活就业人员往往具备以下几个特征:第一,从业人员从事的几乎都是较为简单的体力劳动,只需要短期的线上指导或培训就能够上岗工作;第二,从业人员的工作时间灵活,可以自行决定工作量(如网约车司机可以自行决定是否上线和接单),收入也相应与工作量成正比;第三,工作流动性强,可以自由地在不同的互联网平台切换工作或者直接退出;第四,也是最重要的一点,新业态灵活就业人员与互联网平台不存在直接的劳动关系。

目前,按照《国务院关于建立统一的城乡居民基本养老保险制度的意见》(国发〔2014〕8号),非国家机关和事业单位工作人员及不属于职工基本养老保险制度覆盖范围的城乡居民,可以在户籍地参加城乡居民养老保险;同时,根据《国务院关于整合城乡居民基本医疗保险制度的意见》(国发〔2016〕3号),除职工基本医疗保险覆盖群体以外的所有城乡居民,都可以参加城乡居民基本医疗保险,其中农民工和灵活就业人员依法参加职工基本医疗保险;此外,《中华人民共和国社会保险法》规定,灵活就业人群可以自愿加入职工基本养老保险。但在工伤保险领域,由于《工伤保险条例》规定工伤保险只覆盖与企业建立劳动关系的正式职工,而灵活就业人员与互联网平台的劳动关系并不明确,因此没有被工伤保险覆盖,针对新业态灵活就业人群的工伤保障仍然缺少统一的制度安排。

目前,部分地方政府尝试了一些新方案的试点。2009年山东潍坊劳动和社会保障局发布了《关于灵活就业人员参加工伤保险的通知》（潍劳社办〔2009〕11号），要求各类灵活就业人员均须参加工伤保险，灵活就业人员的缴费费率按二类行业基准费率收取，但工伤保险中用人单位支付的费用，由灵活就业人员自己承担；2015年江苏南通人社局发布了《南通市灵活就业人员工作伤害保险暂行办法》（通人社规〔2015〕10号），规定灵活就业人员应参加工作伤害保险，费率为0.5%，参保人员在缴费时须一次性缴足次月起当年应缴的全部费用，当参保人员被用人单位录用时，工作伤害保险自然终止，工作伤害保险的基金与工伤保险基金合并使用。值得注意的是，这两个地方的试点关于灵活就业人员的身份限定范围较窄，仅限定为劳动人事事务代理机构办理了代理劳动关系的灵活就业人员，且两地的方案都是从业人员缴费参保，并未涉及用人平台所承担的责任。

2019年浙江省人社厅发布《关于优化新业态劳动用工服务的指导意见》，规定新业态从业人员可以按规定先行参加工伤保险，平台承担用人单位依法应承担的工伤保险责任。2020年广东省人社厅、财政厅发布《广东省灵活就业人员服务管理办法（试行）》（粤人社规〔2020〕30号），试行在单位就业的非劳动关系特定人员参加工伤保险办法，但也仅限于用人单位自愿为灵活就业人员缴纳工伤保险费。浙江和广东的方案与山东潍坊、江苏南通的改革方案相比，更加突出了用人平台作为用工主体应承担的工伤保险责任，缴费方式也转变为用人单位缴费，但两地的改革方案基于自愿性，无法保证所有新业态灵活就业人群均被覆盖。

在中央政府层面，推行统一的覆盖新业态灵活就业群体的工伤保障制度也一直在探索研究中。2020年2月发布的《中共中央 国务院关于抓好"三农"领域重点工作确保如期实现全面小康的意见》从顶层设计的高度要求开展新业态从业人员职业伤害保障试点;2021年7月,国务院通过了《关于维护新就业形态劳动者劳动保障权益的指导意见》(人社部发〔2021〕56号),提出要组织开展平台灵活就业人员职业伤害保障试点,平台企业应当按规定参加。采取政府主导、信息化引领和社会力量承办相结合的方式,建立健全职业伤害保障管理服务规范和运行机制。

可以看到,相较于地方自行试点,中央层面规划的职业伤害保障试点有了一定的强制属性,符合条件的平台企业应当参加而非自愿参加。同时也应当注意到,目前职业伤害保障作为一种具有社会保险属性的险种,其在基金筹集、工伤认定以及待遇标准上与工伤保险有什么异同仍然没有明确。笔者认为,未来推动职业伤害保障的试点应注意以下两点:

第一,应尽快明确新业态灵活就业人群与用人平台之间的权利义务关系。由于新业态灵活就业岗位具备新的特点,用传统劳动关系进行认定可能会适得其反,抑制平台经济的发展,但长期忽视必然导致一方的权益受损。只有在法律层面明确新业态灵活就业人群与用人平台的权利义务关系,才能更好地推动开展职业伤害保障。

第二,根据平台类型和从业人员工作属性合理构建差别费率。不同类型的新业态灵活就业人员对应的职业风险差别较大,如外卖员属于风险较高的职业群体,而家政服务员、快递分栋员等职业的风险相对较低,按统一的费率征收保费并不恰当。在实践中也可以尝试分批次将不同职业群体纳入职业伤害保障的覆盖范围中,如先将外卖员群体纳入保障范围,待制度运行稳定并积累足够的经验后,再将家政服务员和快递员等其他职业群体纳入,缴费费率根据职业风险进行相应的调整。

脱贫后"倾斜性"医保扶贫政策的衔接与展望

刘佳程

2021-10-29

国家乡村振兴局(国务院原扶贫办)的调查数据显示,疾病是我国贫困的首要诱因:贫困人口中42%是因病致贫,远高于因灾致贫(20%)、因学致贫(10%)与因劳动能力弱致贫(8%)。医疗保险可以缓解因病致(返)贫现象,尤其是在减少灾难性医疗支出方面。具有倾斜性的医疗保险(以下简称"医保")扶贫政策作为精准扶贫的重要工具与保险扶贫的重要组成部分,在防范和降低贫困人口的疾病风险方面发挥了不可替代的作用。

具有倾斜性的医保扶贫政策由来已久。精准扶贫政策正式启动后,一系列倾斜性医保政策得到了进一步强化。重点关注因病致贫问题、新型农村合作医疗与大病保险制度要对贫困人口实行政策倾斜。在地方政策落实方面,大部分地区主要针对建档立卡贫困户实施倾斜性医保政策,部分地区在基本建档立卡户以外,已经前瞻性地将"有可能因病致贫"人群及弱势群体(如孤儿、艾滋病患者)也纳入政策优待对象中。在具体待遇方面,大部分地区主要针对扶贫对象实行保费补贴、降低起付线、提升报销比例等优惠待遇,并伴有一定医疗救助措施以进一步降低救助群体的自付医疗费用支出;部分地区实现扶贫对象住院费用或特定重大病种的零自付。

从理论上来说,保险扶贫主要基于其保障、增信与融资功能。医保本身无法直接为人们带来货币收入和衣、食、住等消费,且不具备增信与融资属性,因此,医保扶贫主要是基于其保障功能。具体而言,贫困家庭往往面临信贷约束,当家人遭受重大疾病冲击时,很难通过储蓄和借贷应对风险,而是被迫折价出售生产性资本以支付医疗费用和维持必要的消费。此外,疾病如果无法及时得到治疗,很可能会影响劳动收入和劳动能力,降低家庭的人力资本。因此,医保一方面可以降低患者的自付比例与"灾难性医疗支出"的发生概率,为家庭保留资产以创造生产性收入;另一方面,在自付医疗费用不变的情况下,家庭可以及时获得更好的医疗服务,保障家庭的人力资本和长期内获得劳动收入的能力。

在保障功能以外,保险还可以激励家庭进行资产积累。诸多研究表明,当保险为参保家庭提供资产保障时,家庭会更愿意进行资产积累——因为受保障的资产抗风险能力更强,提高了当下所积累资产在未来的边际收益。人力资本也是一种重要的家庭资产,因此,家庭受到医疗保险保障可以提高其成员学习劳动技能的积极性,从而在长期内提高劳动收入,降低贫困发生率。

在脱贫攻坚战取得全面胜利、现有标准下的贫困人口已被基本消除的时代背景下,进行合理的政策衔接、巩固脱贫成果成为这一阶段的工作重点。值得关注的除了享受过倾斜政策的建档立卡户,还应包括未享受过倾斜政策的"边缘脱贫家庭",也就是那些收入略高于贫困线,但实际经济状况仍处于贫困线边缘,未来创收能力较弱,容易陷入贫困的家庭。

在界定扶贫对象时,理论上存在一个"社会救助的悖论",即政府在预算有限的情况下,是否应该将边缘脱贫家庭也纳入政策范围救助?显然,这个决策需要考虑成本和收益。成本是显而易见的,扩大救助面将边缘脱贫家庭纳入倾斜政策的优待范围势必在短期内增加扶贫开支;而政策的收益是,倾斜性优待将降低边缘脱贫家庭未来的陷贫概率,或是减轻其贫困程度,从而在长期内降低政府扶贫支出。有研究表明,从长期视角来看,给予边缘脱贫家庭一定政策优待,有利于提高扶贫资金的使用效率,缩短贫困家庭脱贫所需的时间,提升社会福利。

如今,在建档立卡户已经全面脱贫、政府短期目标已经圆满完成的基础上,应考虑政策向长期性过渡。这一新阶段,政府在给予建档立卡贫困户优待的同时,可以适当考虑针对边缘脱贫家庭的政策,设计一套具有延续性和长期性的扶贫政策,避免"边脱贫边返贫"现象,巩固脱贫成果。例如,可以参考地方实践经验，将人均收入水平高于贫困线一定范围内的，未来易患重大疾病的家庭及弱势群体（如孤儿、艾滋病患者）也纳入扶贫优待范围，具体待遇与建档立卡户相似，并结合家庭具体经济状况，适当降低待遇水平。

疾病是我国当前最主要的贫困诱因，医保可以有效缓解因病致（返）贫现象，减少灾难性医疗支出。作为精准扶贫的重要工具与保险扶贫的重要组成部分，倾斜性医保扶贫政策在防范和降低贫困人口的健康风险方面发挥了不可替代的作用。在脱贫攻坚圆满收官后，转向乡村振兴的政策需要考虑其长期性和衔接性：不宜只盯住建档立卡户，而是应建立有梯度的倾斜性政策，避免边缘脱贫家庭由于一刀切的政策而"境况倒置"；参考精准扶贫经验，构建多维识别机制与扶贫资金使用效率评估体系，依托互联网等先进技术，动态评估和调整边缘脱贫家庭界定标准及待遇水平；坚持绿色兴农基本原则，对从事绿色产业的贫困及边缘脱贫家庭予以特殊优待。

构建多层次罕见病保障机制

韩 笑

2021-11-26

在前不久举办的国家医保药品目录准入谈判中,多家知名制药企业携罕见病药物现身,为罕见病患者带来了希望。据悉,本次国家医保谈判结果有望于11月底公布,多款罕见病新药能否进一步降价、能否赢得医保买单也将随之揭晓。

由于罕见病的患者少,罕见病药物市场需求小、研发成本高,制药企业往往对其预防、诊断及治疗药物的研发和关注不足,许多患者只能选择昂贵的进口药。多年来,针对如何推进罕见病治疗药物保障的问题引发了大量讨论。从效率角度来说,由于罕见病病因复杂、疗效不稳定、易发生单笔大额医疗费用,因此容易被认定为"低价值医疗",也给医保基金可持续性带来风险;从公平角度来说,全民健康、公平医保是我国医保制度追求的目标,罕见病患者虽然少,但其生存权和医疗健康权也应得到有力保障。目前,各地对罕见病保障对象、资金来源、覆盖药品及病种的规定各不相同,归纳起来大致可分为以下四类典型模式:

第一,以青岛市为代表的补充医保模式。该模式的保障资金主要来自财政、个人缴费和职工医保个人账户资金的保值增值,筹集的资金在市一级进行统一建账、统一核算。同时,市医保部门牵头建立特殊药品谈判机制,将罕见病药物划为特药特材进行保障,引导制药企业和慈善机构参与,形成多主体共同分担的医疗保障模式。第二,以浙江省为代表的专项基金模式。该模式在省级医疗保险基金财政专户下设子账户,全省制定统一的保障范围、筹资标准、待遇水平和诊治规范,各统筹区根据基本医保参保人数一次性从本统筹区大病保险基金中上缴费用至罕见病用药保障基金。第三,以江苏省为代表的多元复合模式。该模式采用"基本医保+大病保险+医疗救助+临时救助"的多层次医疗保障制度,各统筹区根据基金承受能力设定个人自付比例,再按基本医保规定给付;对经基本医保、大病保险报销后仍有困难的救助对象,由财政兜底实施重特大疾病医疗救助、临时一次性救助及疾病应急救助等。第四,以成都市、广州市等为代表的政策型商业保险模式。该模式的核心是政府购买服务或政府为社会服务背书,由商业保险对医保目录内的个人自付部分和医保目录外的自费部分进行赔付。该类模式的典型代表包括成都市"惠蓉保"、广州市"穗岁康"、深圳市"重特大疾病补充医疗保险"、合肥市"合惠保"、南京市"惠民健康保"等。

上述四种模式对罕见病的治疗和用药提供了一定程度的保障,但仍然存在诸多亟待解决的问题:第一,保障水平较低。目前,我国《第一批罕见病目录》中的疾病与国家医保目录中的药品存在不匹配现象,仍有多种罕见病药物未被纳入医保目录;此外,受户籍制度限制,我国不同地区居民的罕见病保障待遇差异较大,易引发医疗公平性问题。第二,管理体系较为分散。由于缺乏国家层面的顶层设计,各地根据自身情况探索建立的罕见病保障管理体系较为碎片化,相关管理权限分散在不同部门,存在机构不健全、落实不到位等问题,不利于罕见病医疗保障工作的顺利实施。第三,商业保险存在局限性。虽然政策型商业保险不以逐利为目的,但由于大部分罕见病特效药费用高昂,一些商业保险公司并不愿将其纳入保障范围,对已患病人群的保障也较为有限,且在承办过程中对参保者的个人隐私保护不到位。第四,对药物研发支持不足。现行政策缺乏对制药企业的补偿和激励机制,许多制药企业对罕见病药物研发热情不高,相当一部分药物完全依赖进口。

针对上述问题,笔者提出以下建议:首先,建立政府主导的多层次、可持续的罕见病专项医疗保障和综合救助体系至关重要。在基本医保方面,应优先将罕见病可治病种纳入医保范围,对高价药进行成本收益分析,在可持续的基础上稳步提高罕见病报销水平;在大病医保方面,可将大病医保统筹基金定位为罕见病困难救助的重要筹资途径;在医疗救助方面,可资助经济困难的罕见病患者参加基本医保,对参保后仍难以承担的医疗费用给予适当补助;在商业保险方面,政府可鼓励其先从中低价药物入手,逐步提高高值罕见病药物覆盖水平,更好地发挥其对基本医保的补充作用;在慈善帮扶方面,应积极探索医保部门、慈善机构、制药企业的三方合作机制,建立涵盖罕见病的慈善医疗捐赠和救助体系,实施专项补助、赠药计划等多种形式的帮扶措施。其次,应创新罕见病用药保障机制,可以针对不同经济状况的患者设置不同的报销比例,实现高值罕见病药物的"精准扶贫",同时加强对用药医院开药行为的监督,解决好用药的"最后一公里"问题。最后,应鼓励国产药物不断创新,探索建立政府与制药企业共担新药成本与临床结果不确定性风险的机制,助力生物医药产业的蓬勃发展。

账户制个人养老金如何发展

陈 凯

2021-12-10

在2021金融街论坛年会上,人力资源和社会保障部养老保险司司长聂明隽表示,目前我国发展养老第三支柱主要有两个方面的任务:一是建立有税收等政策支持的个人养老金制度,为参加基本养老保险的劳动者提供个人积累养老金的制度选择,并拟采用个人账户制;二是规范发展个人商业养老金融产品,明确制度安排。

我国自2018年开始试点个人税收递延型商业养老保险,至今已经三年有余,但实际效果不甚理想。作为"第三支柱",个人商业养老保险本应承担起提高个人退休收入、缓解社会基本养老金压力的责任,但试点的业务规模总体不大,政策优惠和制度设计对消费者的吸引力有限。到 2020 年年末,试点地区参加个人税收递延型商业养老保险的人数只有 4.88 万,保费总额也仅有 4 亿多元。这说明个人税收递延型商业养老保险的试点存在一些问题,设计上有一定缺陷,无法起到提高个人养老保障水平的作用。那么,这里面究竟出现了哪些问题呢?个人认为目前主要有三个方面的问题。

三个问题

第一,个人税收递延型养老保险产品的设计缺乏创新。试点期间,个人商业养老保险产品按稳健型产品为主、风险型产品为辅的原则选择。这虽然在一定程度上满足了参保人对养老账户资金安全性的要求,但作为长期投资的产品,稳健型养老保险产品带来的收益并无法满足投资者对未来的预期,反而承担了较大的通货膨胀风险。另外,税收递延型商业养老保险产品与纯商业的养老保险产品区别不大,投资增值能力也无突出优势,这大大影响了个人购买的欲望。

第二,税收递延的计算方式过于复杂,无形中增加了运营成本。目前个人税收递延型养老保险产品采用的计税方法是根据国税总局的要求,在申报当年应纳税所得额时据实扣除,退休领取的时候则按照 25% 免税、其余 75% 的部分按照 10% 的比例税率计算纳税。整体的税收递延、申报、分配、领取等流程过于烦琐,还涉及个人、企业、税务部门和保险公司等多方面,增加了很多不必要的费用。而对于个人而言,实际节约的税额又相对有限,性价比较低。

第三,购买限额过低造成产品吸引力不足。目前个人税收递延型养老保险的限额是个人缴费税前扣除按6%或1 000元取低值,这个限额对真正有购买能力的消费者并没有什么实质性的税收激励。如果再考虑到未来缴税的影响,效果更不理想。有专家估算过,目前的政策对于边际税率高于30%的人(即年收入高于72万元)而言,其积累20年产生的税收红利占收入的比重不足1%,因此难以充分激励这些中高收入人群的积极性;而对于中低收入的人群而言,占比虽然有所提高,但对其日常消费又会产生较大的影响,得不偿失。

改进建议

考虑到现存的上述问题,很多专家学者提出了提高缴费限额、改税收递延为税收免除、实行账户制养老金等建议。聂司长在2021金融街论坛上也再次提出个人养老金拟采用个人账户制,那么账户制的个人养老金有哪些优势呢?未来应该怎么运作?第一,账户制个人养老金可以丰富个人的投资选择,增强投资灵活性,降低管理成本。个人养老金作为养老保障体系中的第三支柱,是社会基本养老保险的有力补充,个人参与积极性是一个非常重要的影响因素。传统养老保险产品,个人一般只经历缴费和领取两部分,中间的投资积累部分相对封闭,个人没有参与感。账户制的个人养老金则可以结合个人在不同时期的风险偏好,选择不同风险类型的投资产品,丰富个人选择,增强个人参与感。同时,账户制的产品也使得其具有较强的灵活性,便于个人投资者携带和调整。第二,账户制有助于实现专款专用,提高投保人的信任感。个人养老保险是一个长期投资过程。个人缴纳的保费和累积收入在通常情况下不能提前列支，要等到退休后才能领取。这会增加信用风险，让个人在投资时更为谨慎，规避风险。而账户制的个人养老金可以让投保人更直观地看到账户的变化，了解自己的退休养老收入，增强投保人对制度的信任。同时，账户制的养老金与个人日常投资模式基本类似，便于投资者接受。

通过三年多的试点和市场表现，我国第三支柱个人养老保险制度未来需要通过账户制才能有进一步的发展。在实施账户制的同时，还有三点需要加以重视：第一，要增加养老金的投资渠道，提高收益水平。养老金作为长期投资，资本回报率通常比较稳定。但我国目前养老金的投资渠道还较窄，可选择的标的不多，这样会承受较大的系统性风险。尤其是利率下行、经济增速放缓的大背景下，长期投资还会面临较大的通货膨胀风险。只有丰富养老金的投资渠道，才能有效对抗系统性风险。第二，调整税收递延制度。目前个人养老金的试点更多的是在学习西方一些国家的既往经验，但我国在居民收入结构、经济发展水平和税收制度等方面都和欧洲国家、美国、日本等国家具有较大的区别。税收递延的策略可能并不适合我国现阶段的发展趋势。过于复杂的税收制度不仅会让个人难以理解政策的优惠，降低吸引力，还会增加不必要的管理成本。制度上可以考虑改税收递延为税收免除，在节约管理成本的同时提高个人养老金产品的税收激励，这样有利于扩大规模，提高收益水平。第三，适当提高缴费限额。个人养老金是个人养老的额外补充，并不是普适性的。因此，要有的放矢，制度设计可以针对中产收入群体的特点,适当提高缴费限额,以提高制度的吸引力,使个人养老金的规模和效益得到提升。

只有做大做实养老金个人账户,真正发挥其养老第三支柱的支撑作用,才能为第一支柱基本养老保险的改革留出足够的政策空间,应对我国日益严峻的老龄化问题,从而最终完善"十四五"规划提出的"多层次养老保障体系"。